Beihefte zur Berliner Theologischen Zeitschrift
Bedingungsloses Grundeinkommen – Utopie, Ideologie, ethisch begründbares Ziel?

Beihefte zur Berliner Theologischen Zeitschrift

Herausgegeben im Auftrag
der Humboldt-Universität zu Berlin
durch die Theologische Fakultät

2023

Bedingungsloses Grundeinkommen – Utopie, Ideologie, ethisch begründbares Ziel?

XXIX. Werner-Reihlen-Vorlesungen

Herausgegeben von
Torsten Meireis und Clemens Wustmans

DE GRUYTER

ISBN 978-3-11-099788-0
e-ISBN (PDF) 978-3-11-098793-5
e-ISBN (EPUB) 978-3-11-098813-0
ISSN 2748-8500

Library of Congress Control Number: 2022943905

Bibliografische Information der Deutschen Nationalbibliothek
Die Deutsche Nationalbibliothek verzeichnet diese Publikation in der Deutschen Nationalbibliografie; detaillierte bibliografische Daten sind im Internet unter http://dnb.dnb.de abrufbar.

© 2023 Walter de Gruyter GmbH, Berlin/Boston
Coverabbildung: Sezeryadigar/E+/Getty Images
Satz: Integra Software Services Pvt. Ltd.
Druck und Bindung: CPI books GmbH, Leck

www.degruyter.com

Inhaltsverzeichnis

Das bedingungslose Grundeinkommen und die theologische Sozialethik —— 1

Daniel Häni, Clemens Wustmans
Das Bedingungslose Grundeinkommen als zivilgesellschaftliche Vision – die Schweizer Volksinitiative „Für ein bedingungsloses Grundeinkommen" —— 7

Claudia Cornelsen
Bedingungsloses Grundeinkommen – mehr als ein Experiment —— 15

Thomas Straubhaar
Grundeinkommen: ökonomisch effizient und sozial gerecht – was will man noch mehr? —— 31

Manuel Franzmann
Das bedingungslose Grundeinkommen als Demokratisierung der sozialstrukturellen Verfügbarkeit von (bildender) Muße —— 47

Gerhard Kruip
Bedingungsloses Grundeinkommen – aus sozialethischer Perspektive —— 63

Anna Noweck
Sozialethische Sondierungen zum bedingungslosen Grundeinkommen ausgehend vom Konzept der Beteiligungsgerechtigkeit —— 77

Das bedingungslose Grundeinkommen und die theologische Sozialethik

Nicht erst im Zuge der CoVid19-Pandemie und ihrer höchst disparaten Auswirkungen auf Arbeitsmärkte, in Deutschland speziell etwa auf Kultur- und Dienstleistungsbranchen, wird in der Öffentlichkeit die Idee eines nicht an Bedürftigkeitsprüfungen geknüpften, bedingungslosen Grundeinkommens (BGE) diskutiert: Bis hin zum Entwicklungsprogramm der Vereinten Nationen reichten Vorschläge, zumindest mit einer temporären Einführung eines solchen Instruments besondere Härten der Pandemiefolgen für all diejenigen abzumildern, die in ihrem Arbeitsalltag nicht auf *Homeoffice* oder *Social Distancing* ausweichen können (Kovce 2020, 39; Mierzwa 2020, 73–74).

Während mancherorts im gegenwärtigen Diskurs bis auf die Ideen in Thomas Moores *Utopia* (1516) zurückgegriffen wird (Kovce und Priddat 2019, 54–77; Straubhaar 2018, 10), kann im engeren Sinne wohl Thomas Paine (1737–1809) mit seinem Vorschlag einer steuerfinanzierten Rente für alle Älteren und zugleich der Zahlung eines Startkapitals bei Erreichen der Volljährigkeit als ein „Vater" des bedingungslosen Grundeinkommens betrachtet werden (Kruip 2018, 32). In Kontinentaleuropa wurde das Thema erstmals Mitte der 1980er Jahre diskutiert, Protagonisten im deutschsprachigen Raum waren etwa Joseph Beuys (1984) und Ralf Dahrendorf (1986). Zentral war dabei unter anderem die übergreifende Debatte um das *Ende der Arbeitsgesellschaft* (z. B. Gorz 1983; Matthes 1983; Vobruba 1989), das 1986 gegründete *Basic Income European Network* engagiert sich, inzwischen global, bis heute akademisch und zugleich zivilgesellschaftlich in der Sache (Kovce 2020, 41). Im engeren Sinne lässt sich ein bedingungsloses Grundeinkommen anhand der Grundelemente einer gewährleisteten Existenz- und Teilhabesicherung, eines individuellen Rechtsanspruchs für alle Menschen, ausbleibender Bedürftigkeitsprüfung sowie eines nicht gegebenen Zwangs zu Arbeit oder anderen Gegenleistungen definieren (Kovce 2020, 41). Wenngleich sie sich ideengeschichtlich also nicht als neu darstellt, ist die Idee eines tatsächlich existenzsichernden bedingungslosen Grundeinkommens als individueller Rechtsanspruch eine historisch betrachtet junge Forderung – politisch konkrete Ansätze wie die Einführung eines *Bürgergelds* im Sommer 2021 provozieren unmittelbar Abwehrreaktionen dahingehend, dass sie gerade *nicht* als Schritt auf dem Weg zu einem bedingungslosen Grundeinkommen verstanden werden dürften.

Derartige Kritik an der Idee eines bedingungslosen Grundeinkommens – und hier findet sich ein nicht unbeträchtlicher Teil der theologischen Auseinandersetzung mit dem Thema (etwa EKD 2006; Große Kracht 2008; Jähnichen und

Wiemeyer 2020, 213–216; Kruip 2018; Möhring-Hesse 2008) – manifestiert sich insbesondere hinsichtlich der Finanzierbarkeit, der Frage nach Umfang, Ausgestaltung, Anspruchsberechtigten und der Verhältnisbestimmung zu etablierten sozialstaatlichen Maßnahmen sowie im Hinblick auf die Problemanzeige entfallender Motivation zur Übernahme unattraktiver, aber gesellschaftlich notwendiger Arbeit, respektive in der Befürchtung einer Demotivation für grundeinkommensberechtigte Menschen, fortan überhaupt zu arbeiten.

Gerade dem Protestantismus und der protestantischen Arbeitsethik scheint ein bedingungsloses Grundeinkommen geradezu wesensfremd zu sein (Meireis 2008, 3); so verwundert es nicht, dass innerhalb der theologischen Sozialethik positive Einlassungen zum bedingungslosen Grundeinkommen tendenziell eher in der katholischen Theologie zu finden sind (Jäggi und Mächler 1992; Schulte-Basta 2010; Segbers 2009; Seubert 2015), wenngleich sie auch in evangelischem Umfeld in jüngster Zeit befürwortende Stellungnahmen vorliegen (Blaffert 2010; Just 2008; Praetorius und Stocker 2013; Ruh 2016).

Prominenter Repräsentant der zivilgesellschaftlichen Debatte um das bedingungslose Grundeinkommen ist der Schweizer Unternehmer *Daniel Häni*. Die von ihm mitbegründete *Initiative Grundeinkommen* legte den Grundstein für die weltweit erste Volksabstimmung über ein bedingungsloses Grundeinkommen, die 2016 in der Schweiz durchgeführt wurde. Im Gespräch mit *Clemens Wustmans* entfaltet er seine Vision einer liberalen, freien Gesellschaft auf der Grundlage eines optimistischen Menschenbilds und erörtert ein bedingungsloses Grundeinkommen als Baustein gesellschaftlicher Transformation sowie als Ausgangspunkt einer Neubewertung von Arbeit und Wirtschaft.

In Deutschland ist die Publizistin *Claudia Cornelsen* u. a. als Repräsentantin des Vereins *Mein Grundeinkommen e.V.* eine wichtige zivilgesellschaftliche Stimme. In ihrem Beitrag plädiert sie für das bedingungslose Grundeinkommen als disruptives Instrument im Wohlfahrtsstaat. Auch Cornelsen benennt insbesondere die Überwindung von Paternalismus, Abhängigkeit und Zwang sowie eines auf Misstrauen fußenden Menschenbilds als Gesellschaftsvision und stützt sich dabei auf erste empirische Erkenntnisse, die aus der Vereinsarbeit und dem *Pilotprojekt Grundeinkommen* gewonnen werden konnten.

In wissenschaftlichen Zusammenhängen ist der in Hamburg lehrende Ökonom *Thomas Straubhaar* zentraler Akteur im interdisziplinären Gespräch über das bedingungslose Grundeinkommen. Wie Cornelsen von der Diagnose ausgehend, dass unsere auf Ideologien und Denkmodellen, Lebensläufen und Weltbildern des 19. Jahrhunderts fußenden Sozialsysteme weder gegenwärtigen noch gar für die Zukunft prognostizierten gesellschaftlichen Realitäten gerecht werden, sieht er im Perspektivwechsel hin zu einem bedingungslosen Grundeinkommen insbesondere auch eine Umsetzung der ökonomischen Forderung nach Effizienz, ebenso wie der Forderung nach Gerechtigkeit. Gleichsam beschreibt er aus volkswirtschaftlicher Perspektive das Interesse an Anreizen zur Freisetzung von Innovationspotenzialen, Kreativität und Leistungsfähigkeit.

Als „Demokratisierung der sozialstrukturellen Verfügbarkeit von (bildender) Muße" untersucht der Kieler Soziologe *Manuel Franzmann* das bedingungslose Grundeinkommen, somit geradezu als Voraussetzung von Bildung im Humboldtschen Sinne. Da sich die Verfügbarkeit von Muße sozialstrukturell sehr ungleich verteilt darstelle, weil ökonomisch voraussetzungsvoll, aber ebenso von kulturellen Legitimationsstrukturen und weiteren Bedingungen existenzieller Sicherheit abhängig, plädiert Franzmann für eine entsprechende Erweiterung des *capability approach*. Das bedingungslose Grundeinkommen befähige Menschen so grundlegend zur in ihrer Lebensspanne immer wieder notwendigen, selbstbestimmten Auseinandersetzung mit gravierenden gesellschaftlichen Veränderungen.

Eine ethische Urteilsbildung zum bedingungslosen Grundeinkommen legt der katholische Sozialethiker *Gerhard Kruip* (Mainz) vor. Für eine Einführung plädiert er nur unter der Bedingung, dass es verantwortungsvoll finanziert werden könne und die Umstellung nicht mit zu hohen Risiken verbunden sei. Hier macht Kruip im Blick auf Reziprozitätsprinzip und Bedarfsgerechtigkeit kritische Einwände geltend und spricht sich für eine intelligente Weiterentwicklung und Korrektur bestehender Sicherungssysteme aus, die geringere Risiken bei ähnlichen Vorteilen biete.

Anna Noweck schließlich, Professorin für Katholische Theologie in der Sozialen Arbeit an der Katholischen Stiftungshochschule München, untersucht das bedingungslose Grundeinkommen im Blick auf das Konzept der Beteiligungsgerechtigkeit als fundamentaler anthropologischer Ausrichtung. Noweck konkretisiert diese Überlegungen mit einer Erörterung des Stellenwerts von Arbeit, die es sozial gerecht und menschenwürdig zu gestalten gelte, insbesondere auch durch eine Erweiterung des Arbeitsbegriffs, der an Stelle einer Engführung auf Erwerbsarbeit auch Care-Arbeit stärker in den Blick nehmen müsse.

Mit dem vorliegenden Beiheft zur Berliner Theologischen Zeitschrift wird der XXIX. Jahrgang der Werner-Reihlen-Vorlesungen dokumentiert. Großer Dank gilt zunächst der Stifterfamilie Reihlen, die seit 1991 zum Gedenken an den 1945 im Alter von 18 Jahren gefallenen Werner Reihlen die Förderung des Gesprächs der evangelischen Theologie mit anderen Wissenschaften unter Betonung des ethischen Gesichtspunktes ermöglicht.

Als Herausgeber bedanken wir uns herzlich bei allen Autorinnen und Autoren, die mit ihren Beiträgen differenzierte Blicke auf die kontroverse und hochaktuelle Debatte um das bedingungslose Grundeinkommen ermöglichen und mit ihrer Bereitschaft zur Praxis des interkonfessionellen und interdisziplinären Gesprächs dem ethischen Nachdenken zum Thema wichtige Impulse liefern. Für die gemeinsame Organisation und Durchführung der Werner-Reihlen-Vorlesungen gilt unser Dank dem gesamten Berliner Lehrstuhlteam, insbesondere Ole Rüter und Bettina Schön, die auch die vorliegenden Texte umsichtig redigiert hat. Schließlich danken wir den Herausgeberinnen und Herausgebern der Berliner Theologischen Zeitschrift sowie Dr. Albrecht Döhnert, Katharina Zühlke und dem Team des Verlags de Gruyter für die gewohnt angenehme und unkomplizierte Zusammenarbeit.

Berlin, im Januar 2023

Clemens Wustmans
Torsten Meireis

Literatur

Beuys, Joseph. 1984. „Die Mysterien finden im Hauptbahnhof statt." In *Spiegel* 23. https://www.spiegel.de/kultur/die-mysterien-finden-im-hauptbahnhof-statt-a-7e610ad1-0002-0001-0000-000013508033?context=issue (Zugriff v. 23.09.2022).
Blaffert, Wolfgang. 2010. „Grundeinkommen? Bedingungslos!" In *Gegen den Trend. Soziale Gerechtigkeit: Gesellschaft im Wandel*, hg. von der Arbeitsgemeinschaft der Evangelischen Jugend in Niedersachsen e.V., 29–42. Hannover.
Dahrendorf, Ralf. 1986. „Ein garantiertes Mindesteinkommen als konstitutionelles Anrecht." In *Befreiung von falscher Arbeit. Thesen zum garantierten Mindesteinkommen*, hg. von Thomas Schmidt (2. erhebl. veränd. Aufl.), 131–135. Berlin: Wagenbach.
EKD. 2006. *Gerechte Teilhabe. Befähigung zur Eigenverantwortung und Solidarität*. Eine Denkschrift des Rates der EKD zur Armut in Deutschland. Gütersloh: Gütersloher Verlagshaus.
Gorz, Andre. 1983. *Wege ins Paradies*. Berlin: Rotbuch Verlag.
Große Kracht, Hermann-Josef. 2008. „Unnötige Experimente. Es braucht keinen Systemwechsel vom Sozial- zum Grundeinkommensstaat. In *Herder-Korrespondenz* 62 (6): 303–307.
Jäggi, Christian J. und Thomas Mächler. 1992. *Die Sicherung der Existenz ist ein Menschenrecht: Die Diskussion um ein existenzsicherndes Grundeinkommen: ein Überblick und weiterführende Überlegungen*. Luzern: Caritas-Verlag u.a.
Jähnichen, Traugott und Joachim Wiemeyer. 2020. *Wirtschaftsethik 4.0. Der digitale Wandel als wirtschaftsethische Herausforderung*. Stuttgart: Kohlhammer.
Just, Wolf-Dieter. 2008. „Jenseits von Vollbeschäftigung und Leistungsethik: das bedingungslose Grundeinkommen findet immer mehr Anhänger." In *ZEE* 52 (3): 221–233.
Kovce, Philip. 2020. „Bedingungsloses Grundeinkommen als Grundrecht? Geschichte, Gegenwart und Zukunft einer (bisher) utopischen Forderung." In *APuZ* 39–40: 39–44.
Kovce, Philip und Birger Priddat. 2019. „Bedingungsloses Grundeinkommen. Zur Einführung." In *Bedingungsloses Grundeinkommen. Grundlagentexte*, hg. von Philip Kovce und Birger Priddat, 11–53. Berlin: Suhrkamp.

Kruip, Gerhard. 2018. „Realistische Möglichkeit oder schöner Traum? Das bedingungslose Grundeinkommen." In *Herder Korrespondenz* 72 (5): 32–35.
Matthes, Joachim, Hg. 1983. *Krise der Arbeitsgesellschaft? Verhandlungen des 21. Dt. Soziologentages in Bamberg 1982*, hg. im Auftrag der Deutschen Gesellschaft für Soziologie. Frankfurt am Main, New York: Campus.
Meireis, Torsten. 2008. „Bedingungsloses Grundeinkommen – eine protestantische Option?" In *Ethik und Gesellschaft* 2. https://doi.org/10.18156/eug-2-2008-art-5 (Zugriff v. 27.07.2022).
Mierzwa, Roland. 2020. *Empathische Ethik. Ein Entwurf für die Post-Corona-Zeit*. Baden-Baden: Tectum Verlag.
Möhring-Hesse, Matthias. 2008. „Erwerbsarbeit überbewertet." In *Ethik und Gesellschaft* 2. https://doi.org/10.18156/eug-2-2008-art-6 (Zugriff v. 27.07.2022).
Praetorius, Ina und Monika Stocker. 2013. „Das bedingungslose Ja Gottes zu den Menschen und das bedingungslose Grundeinkommen." In *Neue Wege* 107 (7–8): 221.
Ruh, Hans. 2016. *Bedingungsloses Grundeinkommen. Anstiftung zu einer neuen Lebensform: Utopie oder Chance in einer Zeit des Umbruchs?*. Zürich: Versus.
Schulte-Basta, Dorothee. 2010. *Ökonomische Nützlichkeit oder leistungsloser Selbstwert? Zur Kompatibilität von bedingungslosen Grundeinkommen und katholischer Soziallehre*. Freiberg: Zentrum für Angewandte Sozialwissenschaft.
Segbers, Franz. 2009. „Bürgerrechte, soziale Rechte und Autonomie. Weiterentwicklung des Sozialstaates durch ein Grundeinkommen." In *Verantwortungsethik als Theologie des Wirklichen*, hg. von Wolfgang Nethöfel, Peter Dabrock und Siegfried Keil, 181–217. Göttingen: Vandenhoeck & Ruprecht.
Seubert, Harald. 2015. „Das bedingungslose Grundeinkommen in rechtsphilosophischer und theologischer Perspektive." In *Auf dem Prüfstand. Ein bedingungsloses Grundeinkommen für Deutschland?*, hg. von Rigmar Osterkamp (Zeitschrift für Politik, Sonderband 7), 171–183. Baden-Baden: Nomos.
Straubhaar, Thomas. 2018. „Was ist ein Grundeinkommen und wie funktioniert es?" In *Grundeinkommen kontrovers – Plädoyers für und gegen ein neues Sozialmodell*, hg. von Christoph Butterwegge und Kuno Rinke, 10–31. Weinheim: Beltz Juventa.
Vobruba, Georg. 1989. *Arbeiten und Essen. Politik an den Grenzen des Arbeitsmarkts*. Wien: Passagen Verlag.

Daniel Häni, Clemens Wustmans
Das Bedingungslose Grundeinkommen als zivilgesellschaftliche Vision – die Schweizer Volksinitiative „Für ein bedingungsloses Grundeinkommen"

Clemens Wustmans: An der Debatte um das bedingungslose Grundeinkommen (BGE) Interessierten muss Daniel Häni – einer der prominentesten Repräsentanten der zivilgesellschaftlichen Debatte um das bedingungslose Grundeinkommen – kaum vorgestellt werden. Daniel Häni ist Geschäftsführer des Kaffeehauses „Unternehmen Mitte" in Basel, in den sehr monumentalen ehemaligen Räumen der Schweizerischen Volksbank. 2006 gründete er zusammen mit dem Künstler Enno Schmidt die „Initiative Grundeinkommen" in der Schweiz, 2012 wurde die Volksinitiative für ein BGE in der Schweiz lanciert, 2013 im Bundeshaus in Bern eingereicht. Im Juni 2016 schließlich fand die weltweit erste Volksabstimmung über das bedingungslose Grundeinkommen in der Schweiz statt. Über 500.000 Menschen stimmten der Vorlage zu, landesweit bedeutete das fast 25 % der Stimmen. Repräsentative Umfragen gehen davon aus, dass deutlich mehr als 2/3 der Schweizer:innen weitere Abstimmungen erwarten. Das Thema wird uns also in Zukunft weiter begleiten, nicht nur für die Schweiz ist dies ein sehr spannender Bewusstseinswandel.

Die Frage liegt natürlich auf der Hand: Warum? Was treibt einen Menschen an, einen Gedanken wie das BGE so intensiv voranzutreiben?

Daniel Häni: Einer der wichtigsten Aspekte, die mich motivieren, ist der Punkt der Freiwilligkeit des Menschen. Ich sehe im BGE eine gesellschaftliche Übung für mehr Freiwilligkeit. Durch mehr Freiwilligkeit kommen wir näher an die Verantwortungsfähigkeit, den Kern des Menschen, heran. Das ist mein Hauptmotiv, aus dem heraus ich mich engagiere. Ich bin davon überzeugt, dass jeder Mensch eine Verantwortungsfähigkeit hat, die man übertünchen und unten halten kann – man kann sie aber auch fördern und beflügeln. Das BGE ist meiner Ansicht nach solch ein Fördermittel. Es würde die Verantwortungsfähigkeit des Menschen stärken und nach oben bringen. Wenn wir die Fragen betrachten, die sich jetzt stellen, anfangs des 21. Jahrhunderts, ganz aktuell in der Corona-Krise oder in Bezug auf den Klimawandel, dann bemerken wir, dass wir gerade auf einen gefährlichen Weg geraten sind: Wir mussten durch Corona Notrecht einführen. Bei der Klimakrise droht uns das auch. Ich glaube, das ist der falsche Weg. Besser wäre, wenn wir auf die Menschen setzen und ihre Verantwortungsfähigkeit stärken. Das BGE hilft uns dabei.

Clemens Wustmans: Das finde ich sehr spannend, zumal wir hier jetzt bereits sehr nah an der Terminologie theologischer und ethischer Debatten sind: Wir sprechen über die Freiheit des Menschen. Wir sprechen generell über Menschenbilder, die eine Rolle spielen, wenn wir Gesellschaft gestalten wollen. Verantwortung ist spätestens seit dem 20. Jahrhundert ein zentraler Begriff der Ethik. Würden Sie sagen, dass es jetzt so etwas wie ein Momentum gibt, einen Kairos, wie wir in theologischer Sprache sagen würden? Gibt es in unserer Gesellschaft am Beginn des 21. Jahrhundert eine höhere Plausibilität für das BGE als etwa vor 50 oder 100 Jahren? Anders gewendet: Was ist der Grund dafür, dass es bisher noch niemand umgesetzt hat?

Daniel Häni: Ja, die Plausibilität für ein BGE hat sich gesteigert. Und um das vielleicht gleich vorweg zu nehmen: Ich finde es sehr interessant, dass wir durch die Corona-Krise ein Grundeinkommen eingeführt haben mit zwei Bedingungen: dass wir zuhause bleiben und dass wir nicht arbeiten sollen. Bei der Abstimmung 2016 waren genau das zwei der Hauptargumente gegen das BGE: „Die Leute würden doch zu Hause bleiben" und „wer dann noch arbeiten wollen würde?" Nun haben wir das eingeführt, nur vier Jahre später: Wir machten das, was gegen das BGE sprach, zur Bedingung des Grundeinkommens. Vielleicht ist tatsächlich ein Kairos vorhanden. Ich hoffe, dass wir die Ironie des Schicksals richtig durchschauen können.

Der Hauptgrund für die Nichteinführung eines BGE war immer die Angst, die Angst vor uns selber.

Clemens Wustmans: Könnte man, vielleicht mit einem leicht zynischen Blick, sagen, dass das Instrument eines BGE, zumindest temporär, umgesetzt wurde oder auch unter dem Begriff angedacht wird? Und sehen Sie darin eher eine Chance oder birgt die Situation aus Ihrer Sicht auch Ambivalenzen? Es ist ja oft ein Reflex, wenn man von einer bestimmten Idee überzeugt ist, sie nicht in einer Notsituation umsetzen zu wollen, sondern erst dann, wenn es tatsächlich um die Sache geht. Würden Sie im Blick auf das BGE in die eine oder in die andere Richtung tendieren?

Daniel Häni: Es ist ambivalent. Sicher ist, dass diese Herangehensweise nicht nur leicht zynisch ist. Zynischer geht es gar nicht, als dass man den Menschen unter der Bedingung Geld gibt, dass sie zuhause bleiben müssen. Das ist das Gegenteil des BGE. Das BGE will die Menschen beflügeln und befähigen, dynamisieren und zu ihrer Tätigkeit aufrufen und zwar unter dem Mantel der Bedingungslosigkeit. Das ist ja der entscheidende Punkt.

Clemens Wustmans: Damit haben Sie schon einige Aspekte angesprochen, die für Sie zentral sind: die Dynamisierung, die Befähigung, die Verantwortungsfähigkeit.

Jetzt ist dieses Gespräch überschrieben mit der Überschrift „Das BGE als gesellschaftliche Vision". Was für eine Gesellschaft will man eigentlich, wenn man ein BGE möchte, was für eine Vision von Gesellschaft hat man?

Daniel Häni: Man will eine humanistische Gesellschaft. Wenn ich „humanistisch" sage, kommt natürlich die Frage nach dem dahinter stehenden Menschenbild auf. Was für ein Bild habe ich vom Menschen, von mir selbst, von meinen Mitmenschen? Was ist das überhaupt – der Mensch? Ein „Faultier", wie viele behaupten? Werden die Menschen faul, wenn sie keinen Druck haben, brauchen Menschen Druck? Brauchen sie Bevormundung? Müssen Menschen in eine Rolle gezwängt werden, damit sie tätig werden? Das ist die Grundfrage. Oder ist gerade das Gegenteil der Fall?

Wenn wir auf wissenschaftliche Erkenntnisse schauen, ist längst bewiesen, dass Menschen mit einer intrinsischen Motivation viel besser arbeiten, viel lieber arbeiten, viel mehr arbeiten. Nur kommen wir in der Politik dieser wissenschaftlichen Erkenntnis gar nicht nach.

Clemens Wustmans: Stichwort Politik – kann man das BGE eigentlich als linkes Projekt bezeichnen? Würden Sie sich darin wiederfinden?

Daniel Häni: Nein, das ist eine Vereinseitigung. Das BGE schaut unparteiisch auf den Menschen, jenseits von Kategorien wie rechts und links. Wenn man es schon verorten will, würde ich sagen, dass das BGE vorne ist. Und da wir ein Grundeinkommen, also quasi die linke Forderung der sozialen Sicherung, schon haben – wir haben ja alle schon ein Grundeinkommen, nur nicht ein bedingungsloses –, würde ich sagen, dass es eine liberale Initiative ist. Nicht zu verwechseln mit dem korrupten Neoliberalen. Es geht darum, die Idee des Liberalen stark zu machen. Es ist also keine linke Initiative. Das BGE hat diese beiden Seiten, es ist sozial und liberal – liberal ist es, weil es bedingungslos ist.

Clemens Wustmans: Um das vielleicht ein bisschen konkreter fassen zu können: Wie haben Sie im Schweizer Kontext, im Kontext der Volksinitiative, eigentlich konkret gerechnet? Gibt es lediglich die grundsätzliche Vorstellung, dass es ein Grundeinkommen geben soll, oder ist etwa die Vorstellung leitend, dass es bedarfsdeckend sein soll? Wird mit einer bestimmten Höhe gerechnet, ab der das BGE erst Sinn ergibt, respektive: Macht es überhaupt einen Unterschied, in welcher Höhe wir ein BGE denken?

Daniel Häni: Wir haben in den Verfassungstext der Volksinitiative nur grundlegende Gedanken aufgenommen, keine Details. Wir haben vorgeschlagen, dass ein BGE für die *gesamte* Bevölkerung sei, und nicht etwa nur für die Schweizer:innen. Und wir haben gesagt, dass es so hoch sein soll, dass man menschenwürdig leben und an der Gesellschaft teilnehmen kann. Es darf kein Spar-Grundeinkommen sein. Mit dem Grundeinkommen dürfen auch nicht die bestehenden Sozialleistungen und das, was wir als soziale Errungenschaften bereits haben, abgeschafft werden, sondern es soll – ich komme auf den Anfang – die Verantwortungsfähigkeit des Menschen zünden.

Schlussendlich geht es beim BGE um eine Investitionsfrage. Die Frage lautet nicht: „Kann man das bezahlen?", sondern „Macht die Investition Sinn?"

Clemens Wustmans: Aber mit der Frage nach der Finanzierung werden Sie doch wahrscheinlich regelmäßig konfrontiert. Haben Sie in der Debatte diesbezüglich konkrete Antworten gefunden, mit welchen Modellen man operieren kann, aus welchen Quellen und auf welche Art man ein BGE finanzieren kann?

Daniel Häni: Wenn man es nicht finanzieren könnte, würde ich es nicht vorschlagen. Die Finanzierungsfrage ist allerdings ein bisschen *tricky*, weil diejenigen, die gegen ein BGE sind, also gegen mehr Freiwilligkeit, als „Totschlagargument" anführen, dass man es nicht finanzieren könne. Dass es finanzierbar ist, kann jeder Mensch einfach verstehen, indem er sich überlegt, was denn das BGE wäre – nämlich kein *zusätzliches* Einkommen, sondern ein *grundsätzliches* Einkommen. Das heißt, dass wir den Teil des Einkommens, den man unbedingt braucht, bedingungslos auszahlen würden. Damit haben wir nicht mehr Geld, sondern eben mehr Verantwortung.

Nehmen wir zum Beispiel an, jemand in Deutschland hat ein durchschnittliches Erwerbseinkommen von 3000 Euro und das Grundeinkommen läge bei 1000 Euro, dann hätte diese Person nachher nicht 4000 Euro. Aber die ersten 1000 Euro, die zur Existenz unbedingt da sein müssen, bekäme die Person unabhängig davon, was sie macht und wer sie ist. In diesem Sinne kann man es finanzieren und sich die Frage nach dem Investment stellen: Schaffen wir, wenn Zwang und Bevormundung entfallen, Werte, die sich sehen lassen können, oder führt das zu einem Wertezerfall?

Robert Habeck etwa [der zum Zeitpunkt des Gesprächs für den Posten des deutschen Finanzministers in Betracht gezogen wurde, C.W.] nennt diesen Punkt auch: Wenn wir Geld ausgeben, sollten wir uns fragen, welche Werte wir damit schaffen. Genauso ist es mit dem BGE: Wenn wir wollen, dass die Menschen aus sich selbst heraus tätig und aus sich heraus verantwortlich sind, dann lohnt es sich, zu investieren. Wenn nicht, wenn wir die Menschen kleinhalten wollen, dann besser Hände weg vom BGE.

Clemens Wustmans: Gerade bei dem letzten Aspekt scheint es mir, dass es um eine sehr grundlegende Transformation in der Art geht, wie wir gesellschaftliches Miteinander denken. Mir stellt sich dabei die Frage, ob man das BGE eigentlich testen kann. Wenn man über das BGE spricht und diskutiert, kommt man ja nie an mehr oder weniger berühmten Pilotprojekten vorbei: Kanada, Finnland, Namibia – jetzt auch in Deutschland. Welchen Sinn haben solche Pilotprojekte? Oder muss man sagen, dass wir erst, wenn wir ein BGE einführen, wirklich wissen können, ob es funktioniert oder nicht?

Daniel Häni: Ich bin nicht gegen Pilotprojekte. Sie verschaffen uns ein Gefühl dafür, wie die Umsetzung eines BGE aussehen könnte, wie die Menschen dann reagieren würden/könnten. Aber eigentlich widersprechen sie dem Grundgedanken des BGE, weil es bedingungslos ist; man kann es eigentlich nicht testen. Wenn also das Ergebnis eines Pilotprojektes wäre, dass die Menschen dann gar nichts tun, oder dass sie nicht tun, was wir wollen, und man deshalb das Grundeinkommen in Konsequenz nicht einführen solle, dann ist solch ein Versuchsaufbau natürlich völliger Quatsch. Allerdings sehen wir bei den Pilotprojekten, die es gibt, dass dieses Grundeinkommen in fast allen Fällen beflügelnd wirkt. Deswegen sind Pilotprojekte gut, auch wenn sie der Idee des BGE eigentlich widersprechen.

Clemens Wustmans: Vielleicht im gleichen Kontext: Gibt es dann eigentlich nur ein „Alles oder Nichts?" Es gibt ja auch Überlegungen, nach denen die Bedingungslosigkeit nicht komplett, sondern lediglich weitgehend erfüllt wird, etwa möglichst wenige Bedingungen an ein Grundeinkommen geknüpft werden. Oder: dass ein Grundeinkommen nur für bestimmte Bevölkerungsgruppen eingeführt wird, beispielsweise für ältere Menschen und für Kinder. Widerspricht das der von Ihnen angesprochenen liberalen Idee, die stark mit dem Menschenbild verknüpft ist, oder würden Sie es ähnlich wie Pilotprojekte bewerten, im Sinne eines Schrittes in die richtige Richtung?

Daniel Häni: Wie Sie sagen, das sind Schritte in die richtige Richtung. Es sind immer Gradmesser dafür, wieviel Angst wir vor uns Menschen haben. So kann geschaut werden, wie hoch dieser Angstgrad ist und wie wir ihn abbauen können. Je mehr wir ihn abbauen können, desto bedingungsloser können wir das Grundeinkommen gestalten. Auf diesem Weg können wir vorwärts kommen: durch Abbau von Bevormundung und Abbau der Angst gegenüber den Anderen.

Ich meine, dass es klug ist, keine Angst vor anderen Menschen zu haben, die ja meine Mitmenschen sind – diejenigen, die für mich arbeiten, die für mich leisten. Deshalb bin ich schon aus rein egoistischen Gründen sehr gut beraten, meine Mitmenschen gut zu behandeln. Wenn man das als Meditation in den Tag nehmen kann, dann ist man, glaube ich, auf dem richtigen Weg.

Clemens Wustmans: Das gefällt mir. Geht es dann beim Grundeinkommen eigentlich nur um Geld oder – wenn man in gesamtgesellschaftlichen Prozessen denkt – auch um eine Transformation von Gesellschaft? Würde es etwa Sinn ergeben, weni-

ger von einem Grundeinkommen als von einer Grundsicherung zu sprechen? Wäre es, wenn wir beispielsweise bestimmte Dienstleistungen der Gesellschaft kostenfrei zur Verfügung stellen könnten, nicht sinnvoll, das BGE jenseits von Finanztransfers zu denken?

Daniel Häni: Ich finde, es geht überhaupt nicht ums Geld. Die Idee aber, man könnte ein Grundeinkommen vielleicht auch mit Naturalien gewährleisten, finde ich sehr paternalistisch und ich würde empfehlen, diesen Gedanken aufzugeben, weil der beste oder liberalste Gutschein eben das Geld ist. Wenn man sagt, wir schauen nach dir, aber nur so, wie wir das für richtig empfinden, ist das bevormundend. Und es ist viel freier, wenn wir das mit Geld machen. Geld hat den Vorteil, dass der Mensch ganz frei darüber entscheiden kann, wie er es einsetzt. Die Bedingungen gibt es – weil die Menschen Angst vor der Freiheit haben. Am besten wir schaffen jeden Tag eine kleine Bedingung ab.

Clemens Wustmans: Das ist ein schöner Gedanke, der vielleicht auch noch einmal auf die Relevanz von Pilotprojekten verweist. In einem anderen, letzten Zusammenhang: Hin und wieder wird argumentiert, dass das BGE speziell im Kontext von Nachhaltigkeitsfragen ein sinnvolles Instrument sein könnte, auch bezüglich des anthropogenen Klimawandels, der uns wohl zu deutlich stärkeren Transformationen zwingen wird, als wir es uns momentan oft vorstellen können. Wäre es nicht auch ambivalent, diesen „Begleitkorridor" jedweder Form von Bedingung völlig aufzugeben, indem wir tatsächlich auf Freiheit, Bedingungslosigkeit und Geld – als den, wie Sie es so schön gesagt haben, liberalsten Gutschein überhaupt – setzen? Freiheit kann ja auch erst einmal in eine vollkommen konsumistische Richtung führen, die uns von Nachhaltigkeitszielen weiter wegführt als wir von ihnen je waren. Sind solche Erwägungen nur eine Frage des (vielleicht allzu pessimistischen) Menschenbildes – und stehen im Gegensatz zu einem radikalen Optimismus, wenn ich auf meine Mitmenschen und die Gesellschaft schaue? Oder müssen wir in diesem Zusammenhang weitere Argumente bedenken?

Daniel Häni: Ich glaube, das ist eine Frage Ihres Vertrauensvermögens. Wieviel trauen Sie den Menschen zu, wie ängstlich sind *Sie*? Es ist eine Richtungsentscheidung: Wollen wir Notrecht einführen, bei dem das Richtige als Gesetz verpflichtend eingeführt wird, oder wollen wir ein BGE, bei dem die Menschen selber entscheiden können? Diese Diskussion wird sich zuspitzen.

Clemens Wustmans: Ganz konkret zum Abschluss die Frage: Wie geht es jetzt in der Schweiz weiter? Der Erfolg, den die erste Volksinitiative eingefahren hat, wird immer als Achtungserfolg beschrieben. Repräsentativen Umfragen zufolge gibt es offensichtlich eine hohe Erwartung in der schweizerischen Bevölkerung, dass das

Thema auf der Tagesordnung bleibt. Wie plant die Initiative in der Schweiz für die Zukunft?

Daniel Häni: Gerade [im November 2021] wurde eine zweite Grundeinkommensinitiative lanciert. Ich glaube allerdings, dass es noch zu früh ist für eine zweite Volksabstimmung. Die Initiative hat, bis auf Details, die ergänzt wurden, fast den gleichen Wortlaut wie damals. Ich räume dieser Initiative keine großen Chancen ein und glaube, wir müssten noch viel grundsätzlicher denken, gerade auch in Richtung der Klimafrage, und ich würde sagen: Wir müssen noch mehr verstehen, was Wirtschaft überhaupt ist. Was ist überhaupt, auch im theologischen Kontext, „Arbeit"? Ist Arbeit das, was man muss, worunter man leiden muss? Ist Arbeit das, was man nicht gerne macht? Ich denke, wir müssen diesen Arbeitsbegriff grundsätzlicher denken und das Image der Arbeit wesentlich verbessern.

Im wirtschaftlichen Kontext ist es wichtig zu schauen, dass wir, wo Menschen etwa gegen die Welt und die Natur arbeiten, besteuern, und schauen, wozu genau der Mensch etwas beiträgt, wenn er arbeitet.

Wenn ich weiterdenke, müssten wir den Steuergrundsatz hinterfragen, der in Deutschland genau gleich wie in der Schweiz ist. Wir besteuern die Menschen nach ihrer Leistungsfähigkeit und ich glaube, dass das eigentlich falsch ist. Wir müssten Menschen nach ihrem ökologischen Fußabdruck besteuern, beim Verbrauch von Leistungen. Das BGE wäre dann der Steuerfreibetrag, der an alle bedingungslos ausbezahlt würde. In eine solche Richtung könnten weitere Schritte erfolgen.

Clemens Wustmans: Das ist auf jeden Fall sehr spannend. Und es resultiert offensichtlich in einer Menge Hausaufgaben, die wir auch als Theolog:innen aufbekommen: Reflexion über das Menschenbild, Verantwortung, Nachhaltigkeit und Arbeit im Kontext der Ethik. Das berührt unser Kerngeschäft sehr stark und ich glaube, es ist ein tatsächlich spannender Impuls zu sagen, dass das etwas ist, bei dem wir Public Theology als Aufgabe tatsächlich sehr konkret ernst nehmen können.

Daniel Häni: Ich möchte gerne in diesem Kontext noch zwei Sätze zum Pauluswort beitragen: „Wer nicht arbeiten will, soll auch nicht essen" wird ja oft im Kontext des Grundeinkommens zitiert. Ich finde, Paulus wird missverstanden. Gesagt hat er den Satz ja seinen Jüngern, die dachten, dass sie alsbald schon in den Himmel kämen und nicht mehr arbeiten müssten. Er sagt deshalb humorvoll: Wenn ihr denkt, ihr kämt jetzt gleich in den Himmel, müsstet ihr eigentlich auch nicht mehr essen. Das Wort wurde missbraucht, gerade von religiösen Kreisen, und ins Gegenteil verdreht – eben in die Bevormundung. Wenn es aus dem theologischen Kontext heraus gelingt, Menschen und ihre Arbeit wieder zu befreien, dann glaube ich, dass wir eine rosige Zukunft haben.

Clemens Wustmans: Herr Häni, vielen Dank für das Gespräch und die Impulse! Eine angemessene theologisch-ethische Reflexion im interdisziplinären Gespräch wird als Aufgabe deutlich – und zugleich der Mut machende Impuls, dass wir im Kontext eines theologischen Symposions überhaupt über das Grundeinkommen diskutieren, was vor einigen Jahren wohl, speziell an einer evangelisch-theologischen Fakultät, nicht selbstverständlich gewesen wäre.

Claudia Cornelsen
Bedingungsloses Grundeinkommen – mehr als ein Experiment

1 Einführung

„Es geht nicht." Das bekamen wir bei der Gründung des Vereins *Mein Grundeinkommen* zu hören, als wir 2014 mit der Idee antraten, Grundeinkommen zu verlosen. Ein simples Experiment. Geld sammeln. Immer, wenn 12.000 Euro zusammen sind, wird die Lostrommel angeworfen. Zwölf Monate lang tausend Euro im Monat bei null Bedingungen. Und dann sehen, was passiert.

Vorausgegangen war eine kurze – erst frustrierende, dann überraschend erfolgreiche – Gründungsgeschichte. Michael Bohmeyer war mit seiner Idee durch die einschlägigen Gruppierungen und Initiativen gezogen. Aber alle potenziellen Partner, Parteien, Vereine, Stiftungen winkten ab. Übrigens wollen dieselben Leute heute alle wissen, was wir herausgefunden haben.

2 Der Verein *Mein Grundeinkommen* – Gründung und Entwicklung

Ende Juni 2014 begann eine Kampagne auf der Crowdfunding-Plattform Startnext. Sobald 12.000 Euro gesammelt wären, sollte das Geld als Grundeinkommen verlost werden. Für die Abwicklung der monatlichen Zahlungen wurde ein kleiner „nicht eingetragener" Verein gegründet. Alles ganz simpel, um schnell loslegen zu können.

Selbst beim Start des Crowdfundings meldeten sich Leute, nur um zu sagen: Es geht nicht. „Eher friert die Hölle zu, als dass jemand bedingungslos Geld für andere gibt", kommentierte jemand auf der Crowdfunding-Seite, „aber ich spende trotzdem" (Bohmeyer und Cornelsen 2019, 17).

Wider Erwarten war schon nach drei Wochen das erste Grundeinkommen finanziert. Am Ende hatten wir nicht *12.000* Euro gesammelt, sondern *50.000*. Über 35.000 Menschen hatten sich beteiligt. Wir verlosten nicht *ein* Grundeinkommen, sondern gleich *vier*. Und die Leute hörten nicht auf zu spenden. Bis heute nicht.

Im April 2022 sind rund 3,4 Millionen Menschen auf der Webseite registriert (vgl. Verein „Mein Grundeinkommen" o.J.d). Das ist weit mehr als alle im Bundestag vertretenen Parteien Mitglieder haben (1,2 Mio. Ende 2021, vgl. Wikipedia 2022). Über 200.000 Dauerspender*innen überweisen jeden Monat zwischen 1 und 420 Euro (vgl. Verein „Mein Grundeinkommen" o.J.a).

Die Spender*innen geben auch – nach eigenem Ermessen – Geld für die Vereinsarbeit, und zwar in Summe etwa genauso viel wie in den Lostopf. Sie verstehen offenbar, dass das Organisieren von Verein und Kampagne Arbeit macht, die finanziert werden muss. So arbeiten im Frühjahr 2022 bereits 36 Frauen und Männer für den Verein (vgl. Verein „Mein Grundeinkommen" o.J.b).

Und das Beste: Über tausend Menschen haben mittlerweile (Stand: April 2022) ein Grundeinkommen gewonnen (vgl. Verein „Mein Grundeinkommen" o.J.d). Jeden Monat werden über zwanzig weitere Grundeinkommen verlost (vgl. Verein „Mein Grundeinkommen" o.J.c).

3 Disruptiver Anspruch und zivilgesellschaftliche Verankerung

In der Wirtschaft reden alle von „Disruption". Ist das Bedingungslose Grundeinkommen die Disruption unseres Wohlfahrtsstaats? Jedenfalls ist unser Sozialsystem knapp 150 Jahre alt und atmet trotz vielfältiger Reformen immer noch den Geist Bismarckscher Zeiten. Zwar sprechen sich heute rund neunzig Prozent der Eltern in Deutschland für eine gewaltfreie Erziehung aus, aber „Vater Staat" nähert sich den Menschen nicht wirklich offen und gewaltfrei (vgl. Deutschlandfunk Kultur 2019). Vor allem im Hartz IV-System wird mit Sanktionen und Strafen bei Missverhalten Druck auf die eigentlich hilfsbedürftigen Menschen ausgeübt. Ein kleines Update ist also mehr als überfällig, oder nein: Es ist Zeit für einen echten Systemwechsel!

Anders als die bisherigen Experimente zum Bedingungslosen Grundeinkommen ist unseres das erste nicht staatliche, sondern zivilgesellschaftliche Experiment. Wobei, das stimmt nicht ganz: Denn das Otjivero-Experiment in Namibia von 2008 war ein kirchlich getragenes (vgl. Heß 2008). Aber es war eben auch von zwei großen Organisationen ins Leben gerufen, nicht von der Bevölkerung selbst, es wurde von außen initiiert und hatte dadurch den leichten Beigeschmack von Paternalismus. Unser Experiment wird von den Menschen selbst getragen. Alle dürfen mitmachen, alle können gewinnen. Es gibt nicht Starke, die den Schwachen helfen; Reiche, die den Armen etwas gönnen. Eine echte Graswurzelaktion.

4 „Safari" durch das Grundeinkommensdeutschland

Der Verein *Mein Grundeinkommen* hat es sich zur Aufgabe gemacht herauszufinden, was passiert, wenn Menschen ein Bedingungsloses Grundeinkommen beziehen. Was ändert sich? Wie wirkt's?

Im Sommer 2018 haben Gründer Michael Bohmeyer und ich eine ungewöhnliche „Safari durch den deutschen Sozialdschungel" (Bohmeyer und Cornelsen 2019, 26) gemacht: Wir reisten durch ganz Deutschland und trafen Gewinnerinnen und Gewinner von *Mein Grundeinkommen*, „Menschen wie du und ich, Menschen, denen man nicht ansieht, dass sie anders sind" (Bohmeyer und Cornelsen 2019, 26). Wir haben sie gefragt, wie es ist, ein Jahr lang tausend Euro im Monat zu bekommen – bedingungslos.

Unsere Erfahrung: Die Gewinner*innen von *Mein Grundeinkommen* sind sehr reale Menschen: eine Hotel-Erbin, ein Managersohn, ein Beamter, Studierende und Mini-Jobber, Arbeitslose, Selbstständige und eine Unternehmerin. Sie leben in einer Landesbediensteten-Wohnung, in einem Einfamilienhaus, in einem Bauwagen, auf der Straße. Sie sind zwischen zwei und 67 Jahre alt. Die meisten haben einen Beruf gelernt, eine ist ungelernte Hilfskraft, eine andere promoviert. Sie bewegen sich politisch auf einem breiten Spektrum, gehen bis auf einen alle wählen, machen ihr Kreuz bei CDU, CSU, SPD, FDP, den Grünen, den Linken oder bei Die Partei; eine hat einmal „fast die AfD" gewählt.

Wir sind Menschen begegnet, die eingefleischte Grundeinkommensfans sind, und Menschen, die ahnungslos die Verlosung mitgemacht und gewonnen haben. Wir haben „Abgehängte" getroffen und „Globalists", Menschen, die einen sozialen Aufstieg hingelegt haben, und Menschen, die einen sozialen Abstieg durchlaufen mussten. So verschieden sie alle waren, die Antwort, die wir bekamen, war sinngemäß immer dieselbe: „Es hat mein Leben verändert!"

Wir haben mit allen eine Stunde gesprochen, es waren intensive Gespräche, sehr persönlich, zum Teil mit Tränen, oft mit Gelächter und großer Freude. Wir bekamen berührende Geschichten zu hören. Am Ende haben wir daraus ein Buch gemacht (vgl. Bohmeyer und Cornelsen 2019). Es erschien im Januar 2019 und kletterte binnen weniger Tage auf die Spiegel-Bestsellerliste.

5 Erste empirische Erkenntnisse

Es geht in dem Buch nicht um Statistiken, nicht um theoretische Modelle, nicht um Debatten über Finanzierbarkeit. Es geht darum, was die Menschen mit dem Geld machen, und es geht darum, was das Geld mit den Menschen macht.

Unsere Bilanz: Nüchtern betrachtet ist in gewisser Weise nichts passiert. Volkswirtschaftlich hat sich in der Gruppe, soweit wir das beurteilen können, nicht viel verändert. Einer hat sich vorübergehend bei Hartz IV abgemeldet, einer ist jetzt nicht mehr versicherungspflichtig beschäftigt, sondern studiert. Wirklich überraschend war etwas ganz anderes:

Wenn Medien über das Bedingungslose Grundeinkommen schreiben, dann versehen sie ihre Beiträge gern mit dem Foto eines Geldstapels. Münzen und Geldscheine sind greifbar, verständlich, begehrlich.

Doch unsere Haupterkenntnis heißt: Nicht das Geld ist wichtig, sondern die Bedingungslosigkeit.

Diese fundamentale Erfahrung, die wir uns nicht einmal annähernd vorstellen können, haben uns die Gewinnerinnen und Gewinner voraus: Sie wissen, wie es sich anfühlt, von wildfremden Menschen jeden Monat tausend Euro geschenkt zu bekommen – einfach so, vollkommen bedingungslos. Etwas ohne Rückfrage, ohne Misstrauen, ohne Vertrag, ohne Erwartung geschenkt zu bekommen, das ist neu.

Die soziale Innovation besteht nicht im Auszahlen von Geld. Bereits heute profitiert laut IW die große Mehrheit der deutschen Haushalte von staatlichen Transferleistungen (vgl. Beznoska 2020). Aber dass die Menschen davon genauso wie in unserem Experiment beflügelt würden, wird wohl niemand behaupten. Im Gegenteil.

Der größte Fehler wäre es zu glauben, dass es unseren Gewinnerinnen und Gewinnern besser geht, weil sie tausend Euro mehr hatten. Alle von ihnen hatten auch vorher schon genug Geld zum (Über-)Leben und auch als das Grundeinkommen wieder weg war, sind sie nicht verhungert.

6 Finanzierbarkeit eines Bedingungslosen Grundeinkommens

Deswegen ist es auch so wenig zielführend, über die Finanzierbarkeit eines Bedingungslosen Grundeinkommens zu streiten. Wir leisten uns doch längst eine Art „Grundeinkommen" in Deutschland: Der Hartz IV-Regelsatz von 449 Euro plus einer durchschnittlichen Miete plus Krankenkasse liegt zusammen bei gut tausend Euro – also einem Grundeinkommen, auf das (bei Bedarf!) jeder Anrecht hat (vgl. Landeszentrale für politische Bildung Baden-Württemberg 2022).

Doch wie wir alle wissen, ist dieses Grundeinkommen alles andere als bedingungslos: Es ist bürokratisch, entwürdigend und stigmatisierend. Es beschränkt den Wohnraum für ein Elternpaar mit Kind auf 65 Quadratmeter. Es zwingt uns, den Bausparvertrag zu kündigen und Ersparnisse (bis auf einen „Vermögensfreibetrag" von in der Regel 150 Euro pro Lebensjahr) aufzubrauchen. Es bevormundet uns in dem, was wir lernen wollen, und hindert uns, den Ort zu verlassen.

Auf der anderen Seite billigt unser System auch allen anderen – „nicht bedürftigen" – Menschen eine Art Grundeinkommen zu: der Zahnärztin, dem Investmentbanker, dem Taxifahrer und der Facharbeiterin. Sie alle haben ein „negatives Grundeinkommen", also einen Betrag, der ihnen zwar nicht überwiesen wird, den sie aber nicht bezahlen müssen: einen Steuerfreibetrag, dessen Höhe kaum jemand bewusst wahrnimmt. 9.984 Euro sind das pro Jahr, also 832 Euro jeden Monat (vgl. BMF 2021). Das alles ist heute schon finanzierbar – keine vermeintlich utopische „Milchmädchenrechnung", sondern über Jahrzehnte gewachsene Realität.

Deswegen: Wir müssen nicht darüber reden, ob wir uns ein Grundeinkommen leisten können. Wir müssen darüber reden, ob wir uns Bedingungslosigkeit leisten wollen!

Dieser blinde Fleck, den wir bei unseren Diskussionen über politische Konzepte nicht wahrnehmen, wird bei unserem Experiment ins Zentrum der Aufmerksamkeit gerückt. Ohne einen Euro mehr, eventuell sogar mit Einsparungen durch gesenkte Verwaltungskosten, könnten wir heute in Deutschland eine bedingungslose Grundsicherung einführen. Anstatt über jeden einzelnen Euro verbittert zu streiten, könnten wir einfach ein allgemeines „HartzPlus" ohne Zwang, ohne Bedingungen und mit minimaler Bürokratie auszahlen – und den Menschen das Geld einfach schenken. Keine Kosten, große Wirkung.

7 Die sechs Facetten des Grundeinkommensgefühls

Sechs Facetten haben wir auf unserer Recherchereise durch Deutschland und bei unseren Gesprächen mit den Gewinnerinnen und Gewinnern aus dem diffusen, irgendwie wunderbaren, auf jeden Fall großen Grundeinkommensgefühl herausgeschält (Abb. 1):

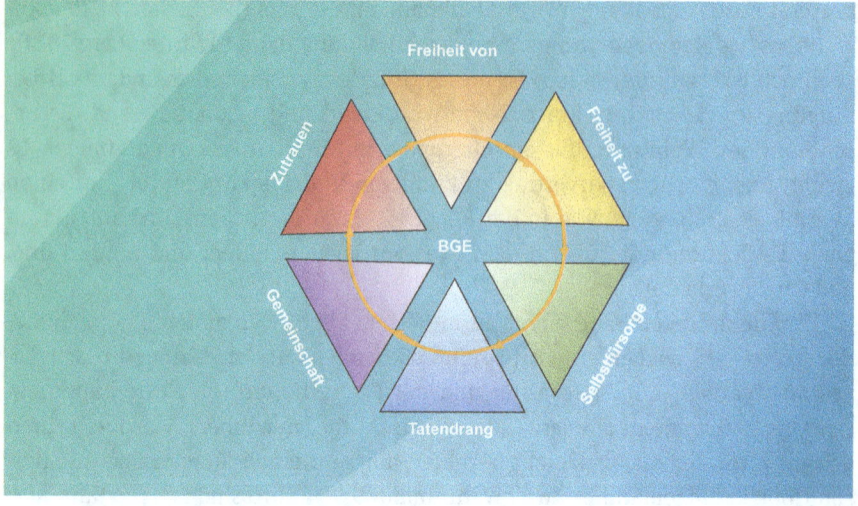

Abb. 1: Facetten des Grundeinkommensgefühls.

7.1 Zutrauen

Zuallererst vermittelt das Bedingungslose Grundeinkommen das Gefühl: „Du bist okay, du darfst sein wie du bist!". Dafür braucht es die Regelmäßigkeit der Auszahlung. Denn fast alle Menschen besitzen den starken Glauben, dass sie sich ihren Wert als Mensch erst verdienen müssten. Anfangs reagieren die Menschen auf die Bedingungslosigkeit ungläubig. Erst im zweiten oder dritten Monat stellt sich die Sicherheit ein: „Die wollen wirklich nichts von mir." Aufgrund dieser ungewöhnlichen Erfahrung kombiniert mit den gewachsenen finanziellen Möglichkeiten entsteht bei den Menschen eine neue Frage: „Die anonyme Gesellschaft traut mir etwas zu: Auch ich kann etwas. Aber was?" Die erste Facette ist also das Zutrauen.

7.2 Freiheit von

Zugleich spüren die Menschen die bisherige finanzielle (und emotionale) Abhängigkeit von anderen Menschen, auch von solchen, die ihnen nicht gut tun. Das Bedingungslose Grundeinkommen ermöglicht eine Befreiung von diesen unangenehmen Fesseln. Bei manchen ist es ein goldener Käfig, dessen Türen sich überraschend öffnen. Die Gewinnerinnen und Gewinner lösen sich aus verletzenden Abhängigkeiten, aber setzen gute und nährende Verbindungen fort, manchmal umso entschlossener, und gehen vereinzelt auch neue, nunmehr faire Abhängigkeitsverhältnisse ein. Sie erleben die zweite Facette als „Freiheit von".

7.3 Freiheit zu

Im selben Atemzug stellen die Menschen fest: Es liegt weder Freiheit noch Freude darin, sich von den anderen Menschen loszulösen. Freiheit bedeutet nicht, höhere Zäune zu bauen, auf einer einsamen Insel zu leben oder dem bisherigen Leben davonzulaufen. Freiheit bedeutet, nicht mehr Opfer seiner Lebensumstände zu sein, sondern sie aktiv gestalten zu können. Aus der Freiheit von Einschränkungen und Abhängigkeiten wird die Freiheit, etwas zu tun, Ideen zu entwickeln und Aufgaben zu übernehmen. „Freiheit zu" ist der dritte Aspekt.

7.4 Selbstfürsorge

Die Deutschen hetzen durch das Leben. In unserem Land ist jeder Dritte Burnout-gefährdet. Die innere Getriebenheit macht uns krank und unproduktiv. Der dauerhafte Alarmzustand unserer Gesellschaft ist offenbar aus unbewusster Existenzangst gespeist. Denn schon ein Jahr Grundeinkommen hilft, sich selbst besser wahrzunehmen. Die Gewinner lernen zuallererst, für sich selbst zu sorgen. Um aktiv werden zu können, braucht man Ruhe und Kraft. Mit Grundeinkommen entdecken die Menschen den Unterschied zwischen Egoismus und Eigenliebe. Sie gönnen sich Materielles, aber sie stopfen sich und ihr Dasein nicht mit Produkten voll. Der in unserer überdimensionierten Warenwelt gefeierte Konsumrausch betäubt und benebelt. Selbstfürsorge belebt. Entspannt zu sein, heißt nicht, auf der faulen Haut zu liegen. Im Gegenteil: Unsere Gewinnerinnen und Gewinner berichten, dass sie ohne Stress ihren Job neu lieben gelernt haben und produktiver geworden sind. Wenn man nicht mehr muss, dann kann sich die intrinsische Motivation entfalten und die vierte Facette, die Selbstfürsorge, entsteht.

7.5 Tatendrang

Wenn Menschen wissen, was sie wollen und was sie können, wenn sie sich willkommen fühlen und unbeschränkt, dann entsteht Lust, das Leben in die Hand zu nehmen. Menschen mit Grundeinkommen bilden sich fort, ziehen um, machen Reisen, gründen Firmen und erfüllen sich Träume. Sie kommen nicht mehr irgendwie zurecht, sondern spüren Unternehmenslust und Wirkungsdrang. Sie entwickeln eine langfristige, unternehmerische Haltung zum Leben. Sie kalkulieren ihr Leben nicht ökonomisch durch wie eine Firma, sondern sie entdecken einen Sinn und tun aktiv alles dafür, diesem Sinn zu dienen.

Die besondere Wirkmacht des Grundeinkommens in diesem Kontext liegt darin, dass es keine einmalige Zahlung ist, sondern eine langfristige Perspektive ermöglicht. Sie entsteht, weil es statt einmal 12.000 Euro zwölfmal 1.000 Euro gibt. Wer diesen Monat scheitert, kriegt im nächsten Monat eine neue Chance. Fehler zu machen stellt somit keine Existenzen aufs Spiel. Auf dem sicheren Boden des Grundeinkommens wächst so bei Einzelnen auch der Mut, einen Kredit aufnehmen, um größere Risiken einzugehen. Tatendrang als fünfte Komponente entsteht.

7.6 Gemeinschaftsgefühl

Ein Gemeinschaftsgefühl entsteht als sechste Facette. Wer in dieser Weise „empowert" ist, schaut offen auf seine Umwelt – und zwar interessanterweise nicht auf die konkreten Geldgeber, sondern auf die ganze Gesellschaft. Die Dankbarkeit gegenüber den anonymen Crowdhörnchen von *Mein Grundeinkommen* führt nicht zu einem „Deal", bei dem man irgendwann zurückzahlt, was man bekommen hat. Nein, interessanterweise verwandelt sich das „blinde Vertrauen" der Allgemeinheit zu einem Engagement für die unmittelbare Umgebung.

Die Gewinnerinnen und Gewinner ordnen ihre Freundschaften bewusst, kehren zurück zu ihren Ehepartnern, nehmen sich Zeit für ihre Kinder. Sie entwickeln im Alltag einen umsichtigeren Blick für ihre Mitmenschen, halten die Tür auf, drängeln nicht an der U-Bahn. Sie helfen anderen und haben plötzlich Kraft, sich über die politischen Auswirkungen ihres Handelns Gedanken zu machen.

Manche stellen sich Aufgaben, vor denen sie sich früher gedrückt haben, übernehmen Verantwortung für andere, schaffen Arbeitsplätze. Sie kümmern sich um andere, weil die Welt sich um sie kümmert. Der scheinbare Widerspruch zwischen Individuum und Gesellschaft löst sich auf. Individualität ist nicht mehr Abgrenzung von anderen um den Preis der Selbstausbeutung. Zugleich verliert Kollektivität den bedrohlichen Charakter der Selbstverleugnung. Aus staatlich normierter „Gefangenschaft" wird individuell gestaltete „Geborgenheit". Wem gegönnt wird, der kann auch gönnen.

8 Das völlig gegensätzliche Hartz IV-Gefühl

Die sechs Facetten des Grundeinkommensgefühls hängen alle miteinander zusammen und wurden von fast allen Gewinnerinnen und Gewinnern in unterschiedlicher Intensität empfunden und geschildert.

Unser aktuelles System wirkt dagegen komplett anders. Theoretisch könnte es so sein:

> *Anna L., 28, alleinerziehend, macht in Teilzeit an der HU Berlin ihren Master. In einem Video auf mein-jobcenter.com erzählt sie, dass das Jobcenter ihr die nötige Sicherheit gibt, um sich auf ihre berufliche Zukunft vorzubereiten und ihrem Sohn eine geborgene Kindheit zu ermöglichen.*

Das war ein fiktives Statement im Rahmen der „HappyHartz"-Kampagne des Berliner Vereins Sanktionsfrei im Winter 2017/18 (vgl. Verein „Sanktionsfrei" o.J.a). Als solche Statements in Berliner U-Bahnhöfen plakatiert wurden, gab es Empörung: So schön sei ja Hartz IV nun wirklich nicht. Selbst die Bundesagentur für Arbeit distanzierte sich (vgl. Bakir 2017).

Stimmt, so schön ist es nicht.

Das tatsächliche Leben von Anna L. sieht anders aus, wie man auf der Webseite und auf Videos zur Kampagne unter dem Hashtag #RealHartz dann auch sehen konnte (vgl. Verein „Sanktionsfrei o.J.b):

> *Wenn Anna Post vom Jobcenter bekommt, hat sie Angst, dass ihr wieder Leistungen gestrichen wurden und sie nicht versteht warum. Oft liegt sie nachts wach und befürchtet, nächsten Monat aus ihrer Wohnung geschmissen zu werden. Sie war schon häufiger mit ihrer Miete im Verzug, weil die Leistungen vom Jobcenter gestrichen wurden. Auch ihr Sohn spürt es, wenn sie Existenzangst hat und nicht genügend Geld zum Leben da ist.*

Die Wahrheit ist: Hartz IV ist paternalistisch, kontrolliert, bevormundet und gängelt die Menschen.

Briefe sind so formuliert, dass selbst Menschen mit akademischem Abschluss sie nicht verstehen. Ämter sind so bezeichnet und gestaltet, dass man weder weiß, wer wofür zuständig ist, noch wie man mit der Person in Kontakt treten kann. Statt durch leichte Verständlichkeit und positive Sprache Vertrauen aufzubauen, wird durch Verbotsschilder nichts als Misstrauen signalisiert. Bevor ich erfahre, was die Behörden möglicherweise für mich tun könnten, wird mir mit Strafe gedroht, wenn ich irgendeinen Fehler mache.

Rund eine Million Mal jährlich kürzen Jobcenter das offizielle „Existenzminimum". Ein Relikt schwarzer Pädagogik. Prinzip Abschreckung. Ungehorsam wird bestraft. Finanziell geht es um Peanuts. Die Kürzungen – für die einzelnen Betroffenen existenzbedrohlich – summieren sich für die Staatskasse lediglich auf 180 Millionen Euro im Jahr. Auf die Bevölkerung pro Kopf umgerechnet sind das etwa zwei Euro pro Jahr! Rechnet man die Verwaltungskosten dagegen, kosten uns die Sanktionen mehr als sie sparen. Sie sind teuer und sinnlos (vgl. Cornelsen 2019).

Der Subtext zwischen Staat und Bürger ist voller Gewalt. Verbale Gewalt, Staatsgewalt, die starke Hand von Recht und Ordnung. Nicht objektiv falsch, aber leider eben subjektiv extrem unangenehm.

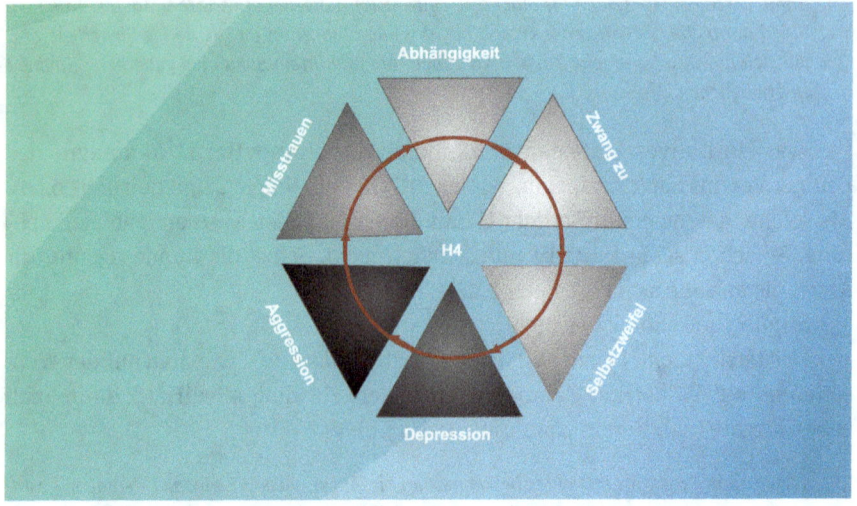

Abb. 2: Facetten des Hartz IV-Gefühls.

Analog zu den sechs Facetten des Grundeinkommensgefühls heißen die sechs Facetten des Hartz IV-Gefühls (Abb. 2):
1. Misstrauen
2. Abhängigkeit
3. Zwang zu
4. Selbstzweifel
5. Depression
6. Aggression.

Von Empowerment kann hier nicht die Rede sein.

Schlimmer noch: Das ganze System ist so kompliziert, dass selbst Experten es nicht wirklich verstehen. Es finden sich immer wieder irgendwelche Sonderregelungen, sodass sich Jurist*innen, Sozialwissenschaftler*innen und viele andere Berufsgruppen jahrelang darüber streiten. Wie wunderbar einfach ist dagegen das Prinzip des Bedingungslosen Grundeinkommens!

9 Zwei wissenschaftliche Studien

Zugegeben, die Gründung des Vereins *Mein Grundeinkommen* war im Kern nur ein Marketing-Tool, damit sich die Menschen über die Idee eines Bedingungslosen Grundeinkommens Gedanken machen. Medial ist die Aktion geglückt. Aber welche Aussagekraft haben unsere Beobachtungen und die Erfahrungen der mittlerweile über tausend glücklichen Gewinnerinnen und Gewinner?

Aus diesem Grund entstand sehr früh das Bedürfnis, das zivilgesellschaftliche Engagement im Themenfeld der bedingungslosen Existenzsicherung wissenschaftlich evaluieren zu lassen. Zwei Studien wurden in den letzten Jahren in Angriff genommen: „HartzPlus" und das „Pilotprojekt Grundeinkommen".

9.1 Studie „HartzPlus"

Die Studie *HartzPlus* (Tobsch u.a. 2022) ist eine in Deutschland einmalige, repräsentative Studie zur Wirkung von Hartz IV-Sanktionen unter Anwendung eines Mixed-Methods-Ansatzes. Sie startete im Januar 2019 und endete im Januar 2022. Die Besonderheit des Designs besteht im Vergleich zweier Gruppen (Experimentaldesign) über den Verlauf von drei Jahren. Aus rund 4.500 Bewerber:innen wurden 585 Teilnehmende zufällig ausgewählt und in zwei Gruppen aufgeteilt. Die eine Gruppe erhielt quasi eine Versicherung gegen Sanktionen. Im Falle von finanziellen Kürzungen hat Sanktionsfrei e.V. diese bedingungslos ersetzt (Interventionsgruppe). Die andere Gruppe (Kontrollgruppe) hat keinen Sanktionsausgleich bekommen. Mit allen Teilnehmenden wurden insgesamt sieben Online-Befragungen durchgeführt.

Die Ergebnisse wurden im September 2022 veröffentlicht und zeigen: Schon der Bezug von Hartz-IV-Leistungen an sich hat Einfluss auf das Wohlbefinden. Unabhängig von Sanktionen und ihrem Ausgleich beeinträchtigt das System Hartz IV die psychosoziale Situation.

Den Kontakt zu ihrem Jobcenter erleben die befragten Personen häufiger einschränkend als unterstützend. Einzelne Befragte fühlen sich der Behörde in hohem Maße ausgeliefert, den Kontakt zu den Mitarbeitenden empfinden sie als Kontrolle. Sie fühlen sich unter Druck, oft auch sozial stigmatisiert. Die Betreuung erleben sie als Stress und Bevormundung. Einige haben den Eindruck, dass nicht sie als Person mit ihrer individuellen Problemlage im Jobcenter beraten werden. Vielmehr habe das Personal häufig vorrangig die Statistik und Leistungsvorgaben im Blick.

Sanktionen und deren Androhung verfehlen den Zweck, Menschen dazu zu motivieren, ihre eigene Bedürftigkeit aktiv zu überwinden. Vielmehr hindern die mit Hartz IV verbundenen Restriktionen Menschen eher daran, ihre Wünsche nach gesellschaftlicher Teilhabe, nach Erwerbstätigkeit oder nach gesellschaftlicher Anerkennung und sozialem Wohlbefinden zu realisieren.

Die Befunde der Studie zeigen, dass jede Sanktion unabhängig von Dauer und Höhe kontraproduktiv ist. Das Instrument hat nicht nur erhebliche finanzielle und existenzielle Auswirkungen, sondern kann auch schwerwiegende psychosoziale Folgen nach sich ziehen. Sanktionen fördern die soziale Isolation der Betroffenen und erzeugen einen immensen Druck, sie können psychische Erkrankungen verursachen oder verstärken.

Der komplette Endbericht der Studie ist als Download abrufbar auf der Webseite: https://sanktionsfrei.de/presse-studie.

9.2 Studie „Pilotprojekt Grundeinkommen"

Aufbauend auf unsere empirisch ausgerichtete Vorstudie, die ins Buch „Was würdest du tun?" mündete, hat der Verein *Mein Grundeinkommen* das „Pilotprojekt Grundeinkommen" initiiert – mit dem Ziel, unsere Ergebnisse wissenschaftlich auf den Prüfstand zu stellen. Die dreijährige Studie wird vom Deutschen Institut für Wirtschaftsforschung sowie Wissenschaftler:innen der Universität zu Köln und der Wirtschaftsuniversität Wien unabhängig durchgeführt (vgl. Pilotprojekt Grundeinkommen o.J.). Die auszuzahlenden Grundeinkommen in Höhe von 5.184 Millionen Euro wurden über private Spenden finanziert. Die Wissenschaftler*innen erhalten für ihre Forschungsarbeit kein Geld vom Verein.

Nach einem medialen Aufruf bewarben sich über zwei Millionen Menschen für die Teilnahme. Zugleich lieferten sie eine hervorragende Datengrundlage für die Studie. Für die Teilnahme ausgewählt wurden 1.500 Personen. 122 von ihnen erhalten für drei Jahre 1.200 Euro pro Monat, zusätzlich zu ihrem sonstigen Einkommen. 1.377 Personen sind in der Vergleichsgruppe.

In Planung ist bereits eine zweite Studie, bei der alle Teilnehmenden Grundeinkommen in unterschiedlichen Höhen erhalten. Dabei soll das Grundeinkommen mit simulierten, unterschiedlich hohen Steuersätzen auf alle sonstigen Einkünfte verrechnet werden. Die Differenz wird ausgezahlt.

Am Ende der beiden Studien ist ein wichtiger Beitrag zur Grundlagenforschung geleistet. Es können dann Aussagen darüber getroffen werden, ob das

Grundeinkommen Effekte erzeugt. Und, ob diese Effekte durch das zusätzliche Geld oder durch vermehrte psychologische Sicherheit entstehen. Mit Ergebnissen ist frühestens 2025 zu rechnen.

10 Schlusswort

Die Kritik an der Aussagekraft unserer kulturanthropologischen Safari durch Grundeinkommens-Deutschland, aber auch an den beiden genannten wissenschaftlichen Studien liegt auf der Hand. Beispielhaft für die typischen prinzipiellen Einwände soll hier der Publizist Philip Kovce zitiert werden:

> Ein Bedingungsloses Grundeinkommen lässt sich ebenso wenig testen, wie sich Demokratie, Rechtsstaat oder Menschenrechte testen lassen. Sie lassen sich nur üben, indem wir sie ausüben. Ihr Lebensraum ist die Gesellschaft – und diese lässt sich gerade nicht experimentell von sich selbst absondern. (Kovce 2017)

Sicher. Ein „echtes" Bedingungsloses Grundeinkommen gibt es nicht ein paar Monate oder Jahre, sondern ein Leben lang. Es wird nicht nur an einige hunderte Personen ausgezahlt, sondern an alle. Es werden nicht zufällig ausgewürfelte – und mediengerecht knackig formulierte – tausend Euro ausgezahlt oder ein politisch ausverhandeltes und von Sozialverbänden als zu niedrig befundenes „Existenzminimum". Es wird nicht nur ohne Sanktionen, sondern auch ohne Bedürftigkeitsprüfung ausgezahlt und vor allem ist es ein individueller Rechtsanspruch – und kein Zufallsprinzip (vgl. Netzwerk Grundeinkommen 2020).

Doch unzweifelhaft wird ein „echtes" Bedingungsloses Grundeinkommen nicht in Folge von theoretischen Diskussionen – quasi über Nacht, in einer Art Stunde Null des Sozialstaates – flächendeckend eingeführt.

Insofern sind solche Experimente und Pilotprojekte nur erste Annäherungen an die Utopie. Es gibt ja durchaus historische Analogien für fundamentale Transformationen, die scheinbar lächerlich begonnen haben und bis heute noch nicht abgeschlossen sind, auch wenn theoretisch dazu übergreifend Einigkeit besteht:

> Soziale Selbstverständlichkeiten, etwa dass Mädchen ebenso wie Jungen zur Schule gehen, sind mühsame historische Errungenschaften. Noch vor 150 Jahren war es für die meisten Deutschen (Männer) unvorstellbar, dass Mädchen andere Sachen als Kochen, Nähen und Waschen lernen könnten. Mit viel Phantasie und Argumentationskraft gelang es mutigen Vordenkerinnen, durch die Gründung privater ‚Frauenbildungsvereine' und ‚Realkurse' vielen Mädchen und jungen Frauen zumindest eine Bildungsgrundlage zu verschaffen. Das mag aus moderner Perspektive lächerlich wenig gewesen sein, war aber ein Meilenstein in der Geschichte der Frauenbewegung, die bis heute nicht abgeschlossen ist. (Bohmeyer und Cornelsen 2019, 23)

Wünschen wir uns nicht alle eine Gesellschaft, die ungefähr so aussieht: Gleichberechtigt, fair, individuell versorgt, jeder und jede kann seine oder ihre Stärken entfalten, muss die eigenen Schwächen nicht verstecken. Ich bekomme die Hilfe, die ich brauche, und kann mich entfalten und weiterentwickeln, ganz nach meinen Talenten und Fähigkeiten und im Zusammenspiel mit den Wünschen und Bedürfnissen, die von der Gemeinschaft an mich herangetragen werden.

Wäre eine nährende Grundsicherung und eine verständliche Ansprache nicht eine bessere Basis, um eine gute Beziehung zwischen Staat und Volk herzustellen? Ich bin mir sicher, dass die Bürger und Bürgerinnen – wenn sie sich in dieser Weise gestützt und behütet fühlen – ebenfalls gern die Bedürfnisse und Wünsche des Staates wahrnehmen und nach Möglichkeit erfüllen.

Warum halten wir an dem alten System fest? Es wurde mit der Industrialisierung entwickelt und atmet den Geist des 19. Jahrhunderts.

Geht es wirklich um die Finanzierbarkeit? In fast allen Grundeinkommensmodellen ändert sich für die große Mehrheit der Menschen auf dem Konto gar nichts oder nicht viel. Die ganz Reichen haben unterm Strich weniger als heute, weil sie mehr Steuern zahlen, als sie Grundeinkommen erhalten. Die ganz Armen haben mehr als heute. Und die große Mehrheit in der Mitte etwa genauso viel wie heute. Für alle jedoch gilt: Am Monatsanfang ist das Geld – ohne Rückfragen, bedingungslos – als Vertrauensvorschuss auf dem Konto.

Grundeinkommen ist kein zusätzliches Geld, sondern ein grundsätzliches. Es ist die simple Vereinbarung, dass kein Individuum in der Gesellschaft unter eine bestimmte Summe rutschen darf.

„Aus einer demütigenden Situation in die Bedingungslosigkeit zu kommen, war ein sehr intensives Erlebnis. [...] Die Existenzangst weicht einem Gefühl der Existenzberechtigung." (Bohmeyer und Cornelsen 2019, 150) So beschreibt die Grundeinkommensgewinnerin Jesta den Unterschied ihrer Erfahrungen mit Hartz IV und dem einjährigen Grundeinkommen.

Den Menschen das zu geben, was sie brauchen, ist so simpel, dass sich die Frage stellt, wie es so weit kommen konnte, dass diese Idee als „radikal" gilt. Angesichts der vielfältigen Krisen, die wir im fortschreitenden 21. Jahrhundert erleben – Pandemiekrise, Lieferkettenkrise, Klimakrise, Energiekrise, Krieg – ist doch die Frage, ob die Menschheit nicht dringend eine Transformation braucht, die nicht den Gesetzen des Marktes, sondern den Gesetzen des Lebens folgt?

Oder anders gefragt: Sind wir – ohne ein Bedingungsloses Grundeinkommen, das den Menschen die Angst nimmt – als Gesellschaft in der Lage, die existenziellen Fragen unserer Zeit überhaupt nur zu diskutieren, geschweige denn zu lösen?

Literaturverzeichnis

Arbeitslosengeld II – Hartz IV – Bürgergeld, Regelsatz ALG II. 2022. Internetredaktion der Landeszentrale für politische Bildung Baden-Württemberg. https://www.lpb-bw.de/regel satz-hartziv (Zugriff v. 29.04.2022).

Beznoska, Martin. 2020. *Die Verteilung von Steuern, Sozialabgaben und Transfereinkommen der privaten Haushalte.* Dokumentation zum Online-Tool „Wer den Staat finanziert". IW-Report Nr. 6. Köln: Institut der Deutschen Wirtschaft.

Bakir, Daniel. 2017. „Werbung für den Sozialstaat ‚Happy mit Hartz' – wer steckt hinter der schrägen Kampagne?" *Stern* 06.12.2017. https://www.stern.de/wirtschaft/news/happy-hartz—wer-steckt-hinter-der-schraegen-werbekampagne-7776808.html (Zugriff v. 29.04.2022).

Bohmeyer, Michael und Claudia Cornelsen. 2019. *Was würdest du tun? Wie uns das bedingungslose Grundeinkommen verändert.* Berlin: Econ.

Cornelsen, Claudia. 2019. „Aus Scheiße Gold machen." *Frankfurter Rundschau* 23.03.2018, aktualisiert: 05.01.2019. https://www.fr.de/wirtschaft/scheisse-gold-machen-10990182.html (Zugriff v. 29.04.2022).

Bundesministerium der Finanzen. 2021. *Thema Steuern. Was ändert sich 2022?* Referat Digitale Kommunikation & Social Media. https://www.bundesfinanzministerium.de/Content/DE/Standardartikel/Themen/Steuern/was-aendert-sich-2022.html (Zugriff v. 29.04.2022).

Deutschlandfunk Kultur. 2019. „Züchtigungen und Vernachlässigung. Wie viel Gewalt gibt es noch in der Kinderziehung?", Diskussionsrunde mit Andreas Krüger, Leiter des Instituts für Psychotraumatologie des Kindes- und Jugendalters, Hamburg, Cordula Lasner-Tietze, Deutscher Kinderschutzbund, Geschäftsführerin Bundesverband, Michael Winterhoff, Kinder- und Jugendpsychiater, Bestsellerautor, Moderation: Monika van Bebber. Deutschlandfunk Kultur Wortwechsel 26.04.2019. https://www.deutschlandfunkkultur.de/zuechtigungen-und-vernachlaessigung-wie-viel-gewalt-gibt-es-100.html (Zugriff v. 20.06.2022).

Heß, Asmus. 2008. „Grundeinkommen. Als das Geld vom Himmel fiel." *brandeins* 6. Schwerpunkt Wettbewerb: „Gib's mir! Konkurrieren – aber richtig.". https://www.brandeins.de/magazine/brand-eins-wirtschaftsmagazin/2008/wettbewerb/als-das-geld-vom-himmel-fiel (Zugriff v. 29.03.2022).

Kovce, Philip. 2017. „Experimente mit dem Grundeinkommen taugen nichts." *Süddeutsche Zeitung* 05.08.2017. https://www.sueddeutsche.de/wirtschaft/aussenansicht-experimente-taeuschen-1.3615000 (Zugriff v. 20.06.2022).

Mitgliederentwicklung der deutschen Parteien. 2022. *Wikipedia.* https://de.wikipedia.org/wiki/Mitgliederentwicklung_der_deutschen_Parteien#cite_note-49 – (Zugriff v. 29.04.2022).

Tobsch, Verena, Doris Holtmann, Tanja Schmidt und Claudia Brandt. 2022. *Hartz Plus : Die Auswirkungen von Hartz-IV-Sanktionen.* Eine Studie im Auftrag von Sanktionsfrei e.V., Institut für empirische Sozial- und Wirtschaftsforschung (INES Berlin), Berlin September 2022. https://sanktionsfrei.de/presse-studie (Zugriff v. 21.09.2022).

Webseite des Vereins „Mein Grundeinkommen". o.J.a. *Rubrik Crowdhörnchen.* https://www.mein-grundeinkommen.de/support/crowdhoernchen (Zugriff v. 29.04.2022).

Webseite des Vereins „Mein Grundeinkommen". o.J.b. *Rubrik Team.* https://www.mein-grundeinkommen.de/verein/team (Zugriff v. 29.04.2022).

Webseite des Vereins „Mein Grundeinkommen". o.J.c. *Rubrik Verlosung*. https://www.mein-grundeinkommen.de/verlosung/uebersicht (Zugriff v. 29.04.2022).

Webseite des Vereins „Mein Grundeinkommen". o.J.d. *Startseite*. https://www.mein-grundeinkommen.de/ (Zugriff v. 29.04.2022).

Webseite des Vereins „Sanktionsfrei". o.J.a. *Unsere Kampagne und der Start für HartzPlus*. https://sanktionsfrei.de/happy-hartz (Zugriff v. 29.04.2022).

Webseite des Vereins „Sanktionsfrei". o.J.b. *Alles nur FAKE?*. http://realhartz.happyhartz.de/ (Zugriff v. 29.04.2022).

Webseite des Vereins „Sanktionsfrei". o.J.c. *Studie*. https://sanktionsfrei.de/wissenschaftliche-studie (Zugriff v. 29.04.2022).

Website „Pilotprojekt Grundeinkommen". o.J. *Eine Studie des Vereins „Mein Grundeinkommen"*. https://www.pilotprojekt-grundeinkommen.de/ (Zugriff v. 29.04.2022).

Webseite des Netzwerkes „Grundeinkommen". 2020. *Grundeinkommen. Die Idee*. https://www.grundeinkommen.de/grundeinkommen/idee (Zugriff v. 29.04.2022).

Thomas Straubhaar
Grundeinkommen: ökonomisch effizient und sozial gerecht – was will man noch mehr?

> Die Frage nach dem Bedingungslosen Grundeinkommen (BGE) ist schon lange kein akademisches Gedankenspiel mehr. Sie ist, mehr als zweihundert Jahre, nachdem sie das erste Mal gestellt wurde, die mutmaßliche Schicksalsfrage der Sozialsysteme in den Industrieländern im 21. Jahrhundert. Geboren in einer Ökonomie der Knappheit, findet das Grundeinkommen seinen angemessenen Platz in einer Ökonomie des Überflusses, die diesen Überfluss besser verteilen muss, will sie nicht an einem Grundwiderspruch scheitern. Und nur wer diese Dimension nachverfolgen kann, versteht, um was es bei der Frage nach einem Bedingungslosen Grundeinkommen heute geht. Es geht um die Frage, ob wir unsere immer hochtechnisiertere Gesellschaft durchlässig halten. Tun wir wirklich alles, was wir tun können, um Menschen dazu zu befähigen, ein erfülltes Leben zu leben?
>
> (Precht 2022, 455–456)

Was der Philosoph Richard David Precht eindringlich anmahnt und in seinem neuen Bestseller „Freiheit für alle" mit sozialwissenschaftlichen Argumenten überzeugend belegt, lässt sich aus ökonomischer Perspektive rundum bestätigen: Die Zeit für ein bedingungsloses Grundeinkommen ist reif – nach einer Pandemie und mit der Rückkehr des Kriegs nach Europa erst recht!

Die auf Ideologien und Denkmodellen, Lebensläufen und Weltbildern des 19. Jahrhunderts fußenden Sozialsysteme entsprechen in keiner Weise mehr den tatsächlichen Alltagssituation – und noch weniger passen sie zu dem, was künftig Realität werden wird. Was der damalige Reichskanzler Otto von Bismarck in den 1880er Jahren als dazumal wegweisende Sozialgesetzgebung einführte, wirkt bereits heutzutage aus der Zeit gefallen. Es stellen sich Ergebnisse ein, die weder den Möglichkeiten noch den Erwartungen kommender Generationen gerecht werden, die eben mit ganz anderen Herausforderungen konfrontiert sein werden, als es zur Hochzeit der Industrialisierung im Übergang zum 20. Jahrhundert der Fall war. Demografische Alterung der Bevölkerung, Digitalisierung und Datenökonomie sowie die rasante Zunahme systemischer Risiken (wie die Covid-19-Pandemie, der russische Angriffskrieg auf die Ukraine, der Klimawandel, die Umweltzerstörung oder das Artensterben) verlangen bessere, klügere und der Zukunft gemäße soziale Sicherungssysteme.

Das bedingungslose Grundeinkommen erlaubt eine ökonomisch effiziente und gerechte Anpassung veralteter sozialstaatlicher Strukturen an die großen Herausforderungen des 21. Jahrhunderts. Es folgt der radikalen Forderung: „Geld für alle". Vom Staat. Ohne Gegenleistung. Einfach so. Ob arm oder reich, jung oder alt, ob mit oder ohne Familie, allein oder zusammen mit anderen lebend. Arbeitslose, Hilfs-, Fach- oder Führungskräfte: Allen wird gleichermaßen vom Staat Monat für Monat ein exakt identischer Geldbetrag auf das persönliche Konto überwiesen. In der Höhe des Existenzminimums. So, dass es für alle, unabhängig von einer eigenen Erwerbstätigkeit oder eigenem Vermögen, möglich wird, ein menschenwürdiges Dasein zu finanzieren und am öffentlichen Leben teilzunehmen.

Natürlich löst ein BGE nicht alle Probleme. Und selbstredend stellen sich mit einem bedingungslosen Grundeinkommen eine Vielzahl kritischer Fragen. Aber allein schon, dass das BGE die Schwachstellen des heutigen Systems aufdeckt sowie an entscheidenden Stellen für einen Bürokratieabbau, vereinfachte Abläufe und mehr Transparenz sorgt, macht eine vertiefte Analyse des BGE und der mit ihm einhergehenden Veränderungen lohnend.

Dass nicht das Grundeinkommen riskant ist, sondern der Verzicht darauf, ist eine Behauptung, die im Folgenden belegt werden soll. Dazu wird im ersten Abschnitt aufgezeigt, wie sehr gerade ein BGE der ökonomischen Effizienzforderung entspricht. Es fordert und ermöglicht einen fundamentalen Perspektivenwechsel: weg von einem Sozialstaat, der im Nachhinein durch aktivierende Maßnahmen korrigieren will, was vorher falsch gelaufen ist. Weg von einer Finanzierung über Sozialversicherungsabgaben, die einseitig dem Arbeitseinkommen auferlegt werden. Weg von Arbeitswelten, Familienbildern und Lebensläufen, die schon heute nicht mehr der Wirklichkeit und erst recht nicht dem Alltag der Zukunft entsprechen. Hin zu einer garantierten Teilhabe und einer Ermächtigung aller – im Voraus.

Der zweite Abschnitt zeigt auf, dass Grundeinkommensmodelle auch als Grundversicherungsmodelle zu verstehen sind, um Menschen vor existenziellen Bedrohungen zu schützen, gegen die sie sich selbst nicht versichern können. Der dritte Abschnitt verdeutlicht, wieso ein BGE „gerecht" ist, obwohl es viele gerade für besonders ungerecht halten, dass alle und somit auch finanziell besser Gestellte das BGE erhalten. Wer viel Geld verdient, muss doch nicht vom Staat unterstützt werden! Im Gegenteil: Er soll Steuern bezahlen. Das ist und bleibt auch mit einem BGE eine sowohl richtige wie auch ebenso völlig unstrittige Basisforderung an ein Sozialstaatsmodell! Gerade weil dieser Reflex nicht nur menschlich verständlich, sondern auch ökonomisch vernünftig ist, kratzt ein Grundeinkommen nicht ansatzweise daran: alle, die Geld verdienen, sollen auf allen Einkünften Steuern abführen müssen – und zwar große Einkommen mehr als kleine.

Es ließe sich problemlos veranschaulichen (vgl. dazu Straubhaar 2021), dass das BGE dafür sorgt, dass im Endeffekt stärker belastet wird, wer besser verdient. Dabei gilt, dass Bessergestellte nicht nur in absoluten Beträgen netto mehr Steuern bezahlen, als wem es materiell weniger gut geht. Sie werden auch in relativen Größen stärker belastet: der Nettosteuersatz (der von den Bruttosteuern das Grundeinkommen abzieht) steigt mit höheren Bruttoeinkommen, was einer progressiven Besteuerung entspricht, die gemeinhin als „fair" und sozial gerecht bewertet wird.

Angesichts der ausführlichen Darlegungen von Richard David Precht wird darauf verzichtet darzulegen, „warum eine Sinngesellschaft die Existenzsicherung von der Arbeit trennen muss und warum dies auf ein Bedingungsloses Grundeinkommen hinausläuft" (Precht 2022, 327). Ebenso unterbleibt eine konkrete Darstellung der Ausprägungen und Funktionsweise eines BGE. Wer auf eine Vielzahl von Fragen der Ausgestaltung, Wirkungen sowie der Finanzierung weiterführende Antworten sucht, wird sie (hoffentlich!) in Straubhaar (2021) finden.

1 BGE und ökonomische Effizienz

Ein bedingungsloses Grundeinkommen orientiert sich an den durch demografische Alterung, Individualisierung, Digitalisierung und einen Wandel des Arbeitsethos erzeugten sozialpolitischen Herausforderungen. Es löst sich
- von paternalistischen Forderungen nach einem bestimmten Verhalten, das von der Gesellschaft präferiert und deshalb vom Staat belohnt wird. Weniger denn je wird es in Zukunft nämlich einen für alle typischen Standardfall geben, der für alle Orientierung bietet und Verhalten normiert. Mehr denn je ist damit auch jegliche Form des Paternalismus anachronistisch. Wer weiß schon, wie der Normalfall von morgen aussehen wird? Das bedingungslose Grundeinkommen nimmt den Menschen, wie er ist und will ihn nicht in eine Norm zwingen. Deshalb wird das Grundeinkommen bedingungslos gewährt;
- von der Vorstellung, dass nur wer arbeitet, der Norm entspricht und nur wer etwas geleistet hat, sich einen Anspruch auf staatliche Hilfe „erarbeitet". Vielmehr sollen Anpassung und Weiterbildung unterstützt, Flexibilität und Mobilität ermöglicht und eine Unabhängigkeit für neue Entscheidungen gefördert werden; deshalb wird das Grundeinkommen ohne (Vor-)Bedingungen ausbezahlt;
- von der Überzeugung, dass Sozialpolitik primär Menschen in Not beim Überleben helfen soll und dass Ursachen der Not teils selbst verschuldet (und deshalb nicht unterstützungswürdig) seien und lediglich der andere, unverschuldete Teil staatliche Hilfe rechtfertige. Vielmehr steht eher Prävention als Nothilfe im Vordergrund. Sozialpolitik soll im Voraus ermächti-

gen, nicht im Nachhinein Not beheben. Eine nachlaufende Sozialpolitik sollte durch eine vorauseilende Wirtschaftspolitik ersetzt werden. Das sozialpolitische Ziel muss viel grundsätzlicher sein, als es heute der Fall ist. Es soll nämlich darum gehen, Menschen zu ermutigen und in die Lage zu versetzen, ihr Schicksal selbst in die eigenen Hände zu nehmen und Einkommensausfälle gar nicht erst entstehen zu lassen. Alle sind – unabhängig von Alter, Verhalten und Familienstand – ein Leben lang immer wieder gleichermaßen vor Existenz gefährdender Armut zu schützen, um ökonomisch frei zu bleiben, jederzeit und stets von Neuem wieder in der Spur zu bleiben oder wieder auf einen selbstbestimmten Lebensweg zurückzufinden. Deshalb muss das Existenzminimum in jedem Fall und Alter abgesichert sein – ohne Wenn und Aber oder Vorbedingung.

Das BGE folgt dem Grundsatz, dass wirtschaftliche Effizienz und soziale Gerechtigkeit keine Gegensätze sind. Sie lassen sich harmonisch verbinden. Mehr noch: Sie ergänzen sich. Sie sind das Yin und Yang des 21. Jahrhunderts. „Das bedingungslose Grundeinkommen vereint das Soziale mit dem Liberalen: Es ist liberal, weil es bedingungslos ist, und sozial, weil es für alle ist. Es ist für alle gleich – und ermöglicht zugleich jedem, anders zu sein" (Häni und Kovce 2015).

Das bedingungslose Grundeinkommen trennt – wie die Soziale Marktwirtschaft – konsequent in Entstehung und Verteilung von Einkommen. Es befreit den Arbeitsmarkt von sozialpolitischen Umverteilungsaufgaben. Aber es korrigiert die (sich aus dem individuellen Leistungsprinzip ergebenden) Verteilungseffekte des Arbeitsmarktes. Es nimmt den Besserverdienenden etwas weg, um es jenen zu geben, die wenig(er) oder nichts verdienen.

Freiheit, Eigenverantwortung und Wettbewerb auf den Märkten sollen ermöglichen, dass das Sozialprodukt so groß wie möglich wird. Gerechtigkeit, Fairness und die Garantie der Chancengleichheit liefern gute Gründe für eine ergänzende Sozialpolitik. Sie zu erreichen und zu sichern, ist aber eine Aufgabe aller und nicht nur eine Pflicht der Erwerbstätigen. Deshalb sind Gerechtigkeits- und Verteilungsabsichten über Steuern und nicht – so wie es heutzutage zumindest in der Theorie erwartet wird, durch Lohnabgaben der unselbstständig Beschäftigten einseitig zu finanzieren. In der Praxis wird das Prinzip der lohnabgabenfinanzierten Sozialversicherungssysteme ohnehin bereits seit Langem dramatisch durchlöchert. Rund ein Drittel der tausend Milliarden, die von gesetzlicher Renten-, Kranken-, Pflege- und Arbeitslosenversicherung insgesamt vorausgabt werden, sind nicht über Sozialbeiträge von Arbeitgeber- und Arbeitnehmerseite finanziert, sondern durch steuerfinanzierte öffentliche Zuschüsse (Bundesministerium für Arbeit und Soziales 2021). Und um Missverständnisse gleich an der Stelle gar nicht erst aufkommen zu lassen, sei festgehalten, dass diese steuerfinanzierte Sozialpolitik genau das ist, was auch mit einem BGE erreicht werden soll. Denn Sozialpolitik steht in der Verantwortung aller und ist demgemäß aus allen Steuerquellen und somit dem allgemeinen Staatshaushalt zu finanzieren – und nicht nur einseitig und hauptsächlich aus den Sozialversicherungsabgaben der unselbständig Beschäftigten wie es heute der Fall ist!

Das bedingungslose Grundeinkommen will die Voraussetzung schaffen, dass möglichst viele Menschen möglichst viel leisten können. Wenn die Masse der Bevölkerung mit (gut) bezahlten Jobs viel Geld verdient, stehen auch mehr Mittel für die Unterstützung der wirtschaftlich Schwächeren zur Verfügung. Deshalb muss alles getan werden, was Menschen in die Lage versetzt und ihnen ermöglicht, etwas zu leisten und eigenständig Einkommen zu erwirtschaften. Das bedingungslose Grundeinkommen ermächtigt Personen, unabhängig von Geschlecht, Alter und Vorbedingungen, selbstverantwortlich ein Leben nach eigenen Vorstellungen, Wünschen und Normen zu führen. Nicht alle werden diese Chancen nutzen. Aber wenigstens stehen sie allen offen.

2 BGE als Grundsicherung

Risiko ist das eine. Absicherung das andere. Beides gehört zusammen. Wer sicher ist, dass ein Misserfolg nicht zu einem bodenlosen Fall in Not und Armut führt, wird mehr wagen. Wer weiß, dass, was immer auch geschieht, das Existenzminimum gesichert ist, wird kommende Herausforderungen eher als eine Chance denn als eine Bedrohung bewerten und rascher zu unverzichtbaren Veränderungen bereit sein. Nur wer seine Existenz materiell abgesichert hat, ist wirklich frei, eigenständig zu handeln.

Die Versicherungsökonomie kann überzeugend zeigen, dass eine individuelle Mindestsicherung positive gesamtwirtschaftliche Effekte auslöst (vgl. dazu von der Schulenburg und Lohse 2014). Hierin liegt die Rechtfertigung für Pflichtversicherungen, beispielsweise einer Kfz-Haftpflichtversicherung oder einer Kranken- und Unfallversicherung. Hierin liegen aber auch gute ökonomische Gründe für eine staatliche Sozialpolitik, die dem Ziel dient, allen Staatsangehörigen das Existenzminimum zu sichern.

Ökonomisch schwache Mitglieder einer Gesellschaft sollen mit staatlicher Unterstützung finanziell direkt in die Lage versetzt werden, ein menschenwürdiges Leben abzusichern gegen alle Risiken und Ungewissheiten. Dabei geht es um eine Grundsicherung, nicht um eine Sicherung des Lebensstandards oder gar um eine Vollkaskoversicherung für alle oder eine Ergebnisgerechtigkeit, die allen den gleichen Lebensstandard verspricht.

Genau diesen Grundsätzen folgt ein das soziokulturelle Existenzminimum absicherndes bedingungsloses Grundeinkommen. Es wird jedem Mitglied der Gesellschaft als individueller Rechtsanspruch ohne eingeforderte Gegenleistung gewährt. Es funktioniert ohne bürokratischen Berechtigungsprüfungs-, Ermittlungs- und Kontrollaufwand. Alle bekommen das Grundeinkommen ohne Antrag, ohne Bedürftigkeitsprüfung, unabhängig von Erwerbstätigkeit, von persönlichen Verhältnissen, Beziehungen oder Einstellungen. Niemand prüft mehr, ob es gute oder schlechte Gründe für die Gewährung einer Mindestsicherung gibt.

Kritische Stimmen gegen ein BGE verweisen darauf, dass ein Grundeinkommen einer fundamentalen Überzeugung der christlichen Soziallehre zuwiderläuft: dem Prinzip der Subsidiarität. Zuerst komme demgemäß die Selbsthilfe. Danach folge die Unterstützung durch Familie und Verwandtschaft. Nur wer alle privaten Rettungsanker geworfen hat und dennoch unverschuldet in Not gerät, darf Hilfe von Gesellschaft und Staat erwarten. Als Voraussetzung dafür wird allerdings eingefordert, dass er oder sie Mitglied des Sozialsystems ist und zuvor durch eigene Beiträge zur Finanzierung der Sozialversicherungen beigetragen hat.

In der Tat unterstützt das Grundeinkommen nicht nur subsidiär, wer unverschuldet in Not geraten und zu schwach ist, sich selbst zu helfen. Diese scheinbare Großzügigkeit hat viel damit zu tun, dass „unverschuldete Not" in kommenden Zeiten steigender Ungewissheit nicht mehr so eindeutig und klar festgestellt werden kann, wie das in der Vergangenheit möglich war. Die Folgekosten der Pandemie(bekämpfung) haben mehr als genug Anschauungsmaterial dafür geliefert, dass Menschen ohne jegliches eigenes Fehlverhalten über Nacht Geschäfte, Reisebüros und Kinos, Restaurants und Hotels, Kirchen, Kultur- und Sportbetriebe zwangsweise schließen mussten und damit ihre Existenzgrundlage verloren.

Die Coronapandemie genauso wie Tsunamis, Erdbeben, Vulkanausbrüche, Überflutungen, Flächenbrände, Kriege wie der russische Überfall auf die Ukraine, Terroranschläge, Cyberattacken, die Folgen des Klimawandels wie eine Erderwärmung mit steigenden Meeresspiegeln oder große ökonomische Umwälzungen stehen beispielhaft für das, was „systemische Risiken" meint. Systemische Risiken bedrohen ganze Volkswirtschaften oder Branchen insgesamt.[1] Sie sind schwer vorhersehbar und kaum beeinflussbar. Einzelpersonen können

---

[1] Zum Wesen eines systemischen Risikos gehört, dass es ganze Systeme (wie Volkswirtschaften, Regionen oder Branchen) und damit alle betrifft, unabhängig vom Einzelrisiko, das nur isoliert bestimmte Personen betrifft wie etwa Karies. Grund für das „Systemische" sind externe Effekte, die sich aus dem Verhalten anderer für an sich unbeteiligte Dritte ergeben. Unter externe Effekte fallen Ansteckungseffekte (Contagion-Effekte) wie etwa bei einer Pandemie oder überschwappende Domino-Effekte (Spill-over-Effekte) wie etwa auf Finanzmärkten. Vgl. dazu ausführlich Sachverständigenrat (2009, insbesondere 136–142).

sich dagegen weder schützen noch versichern. Tritt der Schadensfall ein, trifft er alle. Und zwar weitgehend unabhängig davon, was Einzelne zur Schadensverhinderung getan oder gelassen haben. Allerdings werden nicht alle von den Folgen gleichermaßen getroffen – einige können ausweichen, andere nicht. Genauso wenig wirkt sich der Schaden auf alle gleich aus – einige können die Wirkungen auffangen, andere nicht.

Systemische Risiken lassen sich mit herkömmlichen Vorgehensweisen nicht bewältigen. Sie stellen eine negative Externalität dar, die ein Marktversagen provoziert. Damit ist gemeint, dass die einen die Kosten und die anderen den Schaden tragen. Entsprechend kümmern sich die Verursacher zu wenig um die Risiken ihres Tuns – sie gehen davon aus, dass im Schadensfall ein Teil der entstehenden Kosten von der Allgemeinheit getragen wird. Ohne eine zielführende staatliche Regulierung (entweder über steuerliche Anreize oder Mengenbeschränkungen) lässt sich ein Kampf gegen negative Externalitäten für die Gesellschaft nicht gewinnen.

Bei systemischen Risiken versagt die unsichtbare Hand des Markts. Da bedarf es des rettenden Arms des Staats. Nur er kann Großrisiken auffangen. Was normalerweise im Kleingedruckten als „Ausschlussklausel" kaum wirklich interessiert, wird bei systemischen Risiken im Schadensfall eben ganz bewusst in die Hände des Staats übertragen. Nur er kann Hilfe für alle, Unterstützung für Notleidende und Entschädigungen für die Betroffenen garantieren. Bei ungewissen und damit unberechenbaren Schadensfällen ist der Staat somit als Notretter in der Pflicht – auch in Marktwirtschaften.

Das Marktversagen hat damit zu tun, dass ein paar Grundbedingungen erfüllt sein müssen, damit ein privater Versicherungsmarkt zustande kommt. So muss eine hinreichend große Zahl von Menschen sich durch gleichartige Risiken bedroht sehen, beispielsweise durch einen Einbruch oder einen Diebstahl. Es gibt eine Erwartung, wie wahrscheinlich es ist, dass das Risiko eintritt, also wie oft etwa eingebrochen werden könnte. Ebenso finden sich Erfahrungswerte, wie hoch die durchschnittliche Schadenshöhe und damit das Ausmaß des Gesamtschadens ungefähr sind, wie viel Versicherungen also insgesamt auszubezahlen haben. Für jene Risiken, die diesen Voraussetzungen genügen, bietet dann ein privater Versicherungsmarkt einen effizienten Schutz gegen bekannte, aber für den Einzelfall unvorhersehbare, nicht beeinflussbare und auch nicht wirklich vermeidbare Eventualitäten des Lebens – wie eben einen Einbruch oder einen Diebstahl.[2]

---

[2] Offensichtlich ist, dass natürlich bereits die Annahmen in der Praxis regelmäßig verletzt werden. So gilt es, beispielsweise die Anreize zur Schadensverhütung mit einzurechnen, und zwar sowohl beim Versicherer wie den Versicherten – also etwa wie sich bauliche Maßnahmen oder Sicherheitsanlagen auf Einbruch und Diebstahlwahrscheinlichkeiten auswirken.

Die Versicherungsökonomik behandelt ausführlich, wie sich ein einfaches Marktversagen korrigieren lässt. So zeigt sie, wie auch private Versicherungen effizient gegen das Problem des Moral Hazard, zu Deutsch etwa moralisches (subjektives) Risiko, reagieren können. Dieses entsteht, wenn Menschen ihr Verhalten ändern, sobald ein Versicherungsschutz besteht.[3] Genauso gut lassen sich Informationsasymmetrien in den Griff bekommen. Sie entstehen, weil einzelne Menschen besser als alle anderen – und insbesondere private Versicherer – Bescheid wissen, was wirklich Sache ist mit ihnen.[4] Auch dafür finden private Versicherer Lösungen.[5]

---

[3] Wer zum Beispiel sein Fahrrad versichert hat, wird nachlässiger bei der Fahrradsicherung, was die Diebstahlwahrscheinlichkeit stark erhöht. Dadurch muss ein privater Versicherer seine Prämien anheben, was tendenziell zu einer Abnahme der Versicherungsnehmenden führt, weil die Versicherungsprämie relativ zur potenziellen Schadenshöhe unverhältnismäßig hoch wird. Als Folge ziehen es die „guten" Risiken vor, sich nicht mehr zu versichern und selbst vorzusorgen. Dadurch verbleiben dem Versicherer nur die „schlechten" Risiken, was wiederum ein Anheben der Versicherungsprämien erwirkt. Eine effektive Maßnahme, die von privaten Versicherern ergriffen werden kann, ist, nur noch eine Teilabsicherung des Risikos vorzunehmen und hohe Selbstbehalte einzufordern. Wird der Selbstbehalt hoch genug angesetzt, wird Moral Hazard relativ rasch relativ stark zurückgehen, weil jetzt jeder Schaden unmittelbar auch die Versicherten zur Kasse bittet.

[4] In aller Regel können Personen relativ genau abschätzen, ob sie selbst einer bestimmten Risikogruppe angehören und welches Risiko sie damit bezüglich eines bestimmten Schadens für die Versicherung darstellen. Beispielsweise sind medizinisch schwer diagnostizierbare Erkrankungen den Betroffenen sehr wohl bekannt – sie spüren ja die Schmerzen und leiden tagtäglich darunter. Um nicht als „schlechtes" Risiko, entsprechend der hohen Schadenswahrscheinlichkeit, auch eine hohe Versicherungsprämie bezahlen zu müssen, sind die Betroffenen bemüht, bei der Versicherung ein möglichst „gutes" Risiko vorzutäuschen, um so eine bessere Prämie aushandeln zu können. Die Versicherungen ihrerseits verfügen nicht über die notwendigen Informationen, beispielsweise weil als Folge einer ärztlichen Schweigepflicht beim Versicherungsabschluss nicht alle intimen Fragen auch tatsächlich überprüft werden dürfen. „Schlechte" Risiken werden also versuchen, ihre tatsächliche Schadenswahrscheinlichkeit zu vertuschen und sich als „gute" Risiken zu versichern. Die »guten« Risiken ihrerseits haben keine Möglichkeit, dem Versicherer glaubwürdig zu „beweisen", dass ihre Schadenswahrscheinlichkeit tatsächlich tief ist. Die Folge der Informationsasymmetrie ist, dass ein privater Versicherer Gefahr läuft, überdurchschnittlich viele „schlechte" Risiken zu versichern, was mit einem entsprechenden Anstieg der Prämien verbunden ist. Dadurch bestehen aber für weitere Menschen zusätzliche Anreize, den Versicherer zu wechseln, was eine Preis-Kosten-Spirale auslöst, die früher oder später einen privaten Versicherer zur Aufgabe zwingt.

[5] Die Lösung des Problems der Informationsasymmetrie und der dadurch verursachten adversen Selektion liegt für den privaten Versicherer darin, dass er mit spezifisch auf die jeweilige Risikogruppe zugeschnittenen Selbstbehalten die Versicherer zu einer selbstständigen Selektion motiviert, die der „Wahrheit" und den tatsächlichen Wahrscheinlichkeiten, dass ein Schaden eintritt, besser entspricht.

Private Versicherungsmärkte sind jedoch dann am Ende ihrer Möglichkeiten, wenn erstens alle Personen gleichermaßen von demselben Risiko bedroht werden. Oder wenn es zweitens nicht mehr um individuelle, sondern gesamtwirtschaftliche Risiken geht. Der erste Sachverhalt ist Rechtfertigung für die sozialen Sicherungssysteme, beispielsweise der staatlichen Renten- und Krankenversicherungen in Deutschland. Der zweite Marktversagensgrund liefert die Argumente für ein BGE. In beiden Fällen geht es darum, dass das Individualprinzip privater Versicherungen durchbrochen wird. An seine Stelle tritt das Sozialprinzip und damit eine staatliche Versicherung.

Ein BGE erweist sich als einfachste, da „automatische" Versicherung gegen systemische Risiken. Wenn Bisheriges abrupt wegbricht und langfristige Planungen dadurch obsolet werden, stellt sich die Frage der unverschuldeten Not völlig neu. Wie weit sind in Zukunft Risikovermeidung und -absicherung tatsächlich nur eine individuelle Entscheidung? Ab wann muss eine Gesellschaft fairerweise aktiv werden, damit auch wirklich alle die Möglichkeit haben, über Geld und Zeit für eigene Vorsorge, Vorbeugung, Weiterbildung und Neuorientierung frei und selbstständig zu verfügen, bevor sie zum Sozialfall werden? Wie weit ist Anpassungsfähigkeit eine Angelegenheit einzelner Personen und wann und wo wird sie zur öffentlichen Aufgabe, so wie es bei der Bildung der Fall ist?

Das Grundeinkommen ist als Grundversicherung konzipiert – insbesondere gegen systemische Risiken, die alle treffen können, wie eben beispielsweise eine Pandemie oder die Folgen von Krieg, Erderwärmung oder Artensterben. Es anerkennt ein stets und bedingungslos gewährtes Grundrecht auf gesellschaftliche Mindestteilhabe. Es verzichtet auf Kontrolle und Gegenleistung und gibt damit jedem Bürger einen Vertrauensvorschuss. Damit schafft es für viele Menschen eine finanzielle Basis für Teilhabe, verantwortliches Handeln und gesellschaftliches Engagement.

3 Ist das BGE gerecht?

Der heutige Sozialstaat basiert auf Ideologien des 19. Jahrhunderts. In der protestantischen Ethik ist Arbeit gottgefällig. Der Arbeitslohn ist Zeichen und Maßstab höherer Anerkennung. „Die durch Arbeit vermittelte Teilhabe an der Gesellschaft gehört zum christlichen Verständnis menschenwürdigen Lebens" (Fetzer 2007, 170). Es gelten das Recht und die Pflicht, durch eigene Arbeit den eigenen Lebensunterhalt zu verdienen. „Wer nicht arbeiten will, der soll auch nicht essen."[6] Das ist die protestantische DNA. Sie prägt Arbeitsethos und Solidarität.

Das BGE erzwingt eine radikale Loslösung von bisherigen Gepflogenheiten des „Forderns und Förderns". Es verlangt, Personen erst zu fördern, damit sie danach gefordert werden können – so wie das in jungen Jahren mit Kindern selbstverständlich ist. Kindergeld wird richtigerweise ohne Gegenleistung oder Vorbedingung an alle Kinder gewährt, unbesehen davon, ob die Eltern wohlhabend oder arm sind. Es folgt der Überzeugung, dass „Geld an alle Kinder" weder sinnlose Verschwendung ist noch Fehlanreize provoziert. Es fließt Monat für Monat als fixer Geldbetrag aus der Staatskasse an junge Menschen – so ist es auch bei einem bedingungslosen Grundeinkommen der Fall, allerdings dann ein Leben lang.

Warum verliert die Gesellschaft das Vertrauen in das Kindergeld für Personen, die Erwachsene geworden sind? Was spricht dagegen, dass auch bei weiter fortschreitendem Alter die Gemeinschaft am Vorkassenmodell festhält, also erst investiert, um danach von den Fähigkeiten und Leistungen der Geförderten zu profitieren, vielleicht sogar länger als jemals zuvor? Das Kindergeld muss zum ebenso selbstverständlichen Erwachsenengeld für alle in jeder Lebenslage werden. Was für Kinder Gültigkeit hat, soll ein Leben lang gelten: erst fördern, dann fordern.

Es gibt kaum stichhaltige Gründe, wieso eine willkürlich gesetzte Altersgrenze beenden sollte, was sich für Jüngere bestens bewährt. Fort- und Weiterbildung, Umschulung und Berufswechsel lassen sich weniger denn je nur auf junge Jahre beschränken. Sie werden zur immer wiederkehrenden lebenslangen Daueraufgabe. Um sie zu bewältigen, ist Geld und Zeit vonnöten. Das jedoch fehlt oft gerade bei jenen, die Neuorientierung und Neuanfang am dringendsten benötigen, weil sie von Strukturwandel, technologischen Fortschritten und gesellschaftlicher Transformation am stärksten betroffen sind. Wer einfache Arbeiten erledigt und entsprechend schlecht bezahlt wird, hat weniger oder gar kein eigenes Geld übrig, um selbst vorzusorgen. Sie aber bräuchten am meisten Förderung. Das gilt nicht nur für Kinder. Es trifft in vielen Fällen auch auf Erwachsene und Ältere zu. Genau deshalb ist das Grundeinkommen gerecht, weil es Menschen immer wieder von Neuem die Chancen auf einen Neuanfang vorfinanziert – unabhängig von Alter, Geschlecht oder sozialer Herkunft.

---

6 Das Zitat stammt von Paulus. Werner und Goehler (2010, 71–72) halten eine Verankerung des christlichen Arbeitsethos mit einer Referenz auf Paulus für unzulässig. Sie verstehen das Paulus-Zitat als: „Auch wer nicht arbeitet, darf essen!". Eine Interpretation, die sicherlich nicht unstrittig ist.

Mit dem Perspektivenwechsel wird am Heiligenschein des Arbeitsethos gekratzt. Das halten manche für eine ungeheure, ja schon fast frevlerische Abkehr vom Pfad sozialer Tugenden. Andere sehen damit fundamentale Gerechtigkeitsprinzipien massiv verletzt. Letztlich bietet aber gerade das Grundeinkommen einen Anstoß dazu, normative Werturteile ganz grundsätzlich zu hinterfragen. In jedem Fall und unabhängig von konkreten sozialstaatlichen Modellen wäre es gesellschaftlich sinnvoll und ökonomisch notwendig, alte Ideologien dem Praxistest zu unterziehen. Was erwarten die Menschen von einem Sozialstaat des 21. Jahrhunderts? Was halten sie für gerecht, was für fair? Wie ist mit dem Spannungsfeld von Freiheit, Gerechtigkeit und Sicherheit umzugehen? Wie weit soll Solidarität reichen, wie weit Subsidiarität?

Gerechtigkeit hat viele Facetten. Es gibt eine Bedarfs-, eine Chancen-, eine Verteilungs-, eine Leistungs- und eine subsidiäre Befähigungsgerechtigkeit. Ähnlich vielfältig sind die Meinungen, was unter einer gerechten Sozialpolitik zu verstehen sei. Deshalb hängt die Bewertung, wie weit ein BGE gerecht sei, stark von der normativen Position ab, die von Person zu Person divergiert. Entsprechend hitzig wird über die Frage der Gerechtigkeit gestritten und werden Definitionen oder Erkenntnisse anderer verworfen.

Wer jedoch aus Gründen der Verteilungs(un)gerechtigkeit das Grundeinkommen ablehnt, macht dieses für Ergebnisse verantwortlich, die nichts mit ihm zu tun haben. Das BGE ist Instrument, nicht Ziel und auch nicht Selbstzweck. Es ist ein nüchternes Steuer-Transfer-System. Ob viel oder wenig umverteilt werden soll, entscheidet einzig die Politik durch die Festlegung der Höhe des Grundeinkommens und der daraus abgeleiteten Steuersätze zu seiner Finanzierung.

Weder kann noch will ein BGE Gerechtigkeits- oder Freiheitsdiskussionen abschließend beantworten. Aber es liefert Referenzwerte, an denen andere Sozialstaatskonzepte zu messen sind. Und hier ist die Wahrscheinlichkeit hoch, dass das bedingungslose Grundeinkommen zwar radikal ist. Aber dem Spannungsfeld von Freiheit, Sicherheit und Gerechtigkeit dürfte es im 21. Jahrhundert effektiver, liberaler und gerechter als jede Alternative Rechnung tragen.

4 Fazit: Grundeinkommen, jetzt!

„Im Anfang war das Wort". Es bot der Genesis Orientierung. Genauso bedarf es jetzt nach dem Schrecken der Pandemie(bekämpfung) und der Dystopie eines Angriffskriegs in Europa einer positiven Zukunftsvision. Das BGE entspricht exakt dieser Erwartung. Es wird vom Optimismus getrieben, dass die Kindeskinder an sich weit bessere Chancen auf ein erfülltes, längeres und gesünderes

Leben als ihre Vorfahren haben. Das mag utopisch klingen. Ist es aber überhaupt nicht. Neue Technologien der digitalen Datenwirtschaft haben das Potenzial, das Leben aller zu erleichtern und zu verbessern. Voraussetzung dafür allerdings bleibt, dass wir die Weichen jetzt und heute richtig stellen. Nicht nur eigene Interessen, sondern auch jene nachfolgender Generationen müssen beachtet werden. Das ist Kern, Wesen und Forderung der heutzutage richtigerweise so hochgepriesenen Nachhaltigkeit.

Grundeinkommensmodelle ermöglichen es, Utopien Wirklichkeit werden zu lassen. Sie sind in jeder Dimension des Alltagslebens konsequent auf Umstände des 21. Jahrhunderts ausgerichtet. Damit erweisen sie sich als die eigentlichen Realisten. Denn sie stehen der alltäglichen Lebenswirklichkeit wesentlich näher als alle sozialstaatlichen Alternativen, die auf veralteten Ideologien aus längst verblichenen Zeiten der Agrar- und Industriegesellschaften aufbauen.

Digitalisierung und Datenökonomie verändern mit Wucht und Tempo Lebensalltag der Industriegesellschaft und Arbeitswelt der Warenproduktion. Sie erzwingen einen Perspektivenwechsel. Wenn Roboter Fabrikarbeiter ersetzen und künstliche Intelligenz menschliche Dummheiten verhindert, muss zwangsläufig Arbeit einen anderen Stellenwert erhalten. Die Arbeit wird dem Menschen zwar nicht ausgehen. Aber die Arbeitszeit wird weiter schrumpfen. Der Mensch wird bei vielen Aktivitäten – besonders im Bereich der standardisierten, sich stetig wiederholenden einfachen Tätigkeiten – in den Hintergrund gedrängt.

Die Digitalisierung wird darüber hinaus den von einem Beschäftigten pro Werktag erzeugten Mehrwert – also die Arbeitsproduktivität – weiter steigern. Das Bruttoinlandprodukt (BIP) – als Summe der gesamten Wertschöpfung in einer Volkswirtschaft – kann mit weniger Arbeitszeit und viel mehr Maschinenzeit erwirtschaftet werden. Was braucht es da noch den Menschen? Wenn Menschen immer weniger lang arbeiten, wer zahlt dann noch Steuern? Wie wird der Sozialstaat finanziert werden, wenn Roboter und nicht mehr Personen Werte schaffen?

Viele bewerten den „Aufstieg der Roboter" als Bedrohung. Aber eigentlich bietet die Digitalisierung der Arbeitsgesellschaft eine vollständig neue Arbeitsteilung zwischen Menschen und Automaten: Nicht mehr „Mensch gegen Maschine", sondern „Mensch mit Maschine". Der Mensch arbeitet nur noch das, was Spaß und Sinn macht. Stupide und unwürdige Arbeiten erledigt der Roboter – rund um die Uhr, ohne Risiken, krank oder von einem Coronavirus infiziert zu werden und deshalb auszufallen.

Wenn künftig mehr und mehr Automaten an Stelle von Menschen treten (können), wieso sollen dann Roboter dem Menschen nicht auch jene Arbeiten abnehmen, die gefährlich, gesundheitsgefährdend, körperlich belastend, schmutzig, langweilig und repetitiv sind? Warum können im Zeitalter der Digitalisierung nicht Putzroboter Toiletten reinigen, unbemannte Drohnen Pakete zustellen, selbstfahrende Kräne Dächer decken und rund um die Uhr nimmermüde Kameras Wachdienste und Kontrollgänge erledigen? Und die von derartiger Arbeit befreiten Menschen wenden sich stattdessen kreativen, spannenden und sinnvollen Tätigkeiten zu.

Dank der Digitalisierung wird es in Zukunft weder volks- noch betriebswirtschaftlich erforderlich sein, alle Menschen ein immer länger werdendes Leben lang zur Arbeit zu zwingen. Weder bedarf es makroökonomisch so vieler Personen, die ein Leben lang vollbeschäftigt nichts anderes tun als zu arbeiten. In immer mehr Bereichen werden Automaten und Roboter das Meiste nicht nur genauso gut wie Menschen, sondern besser, billiger und fehlerfrei erledigen können. Noch scheint es für manche Tätigkeit ökonomisch sinnvoll zu sein, Menschen aus Existenznot zu gewissen Arbeiten zu verpflichten, die gesundheitsgefährdend, gefährlich, schmutzig oder schlecht bezahlt sind. Dafür wird es jedoch – neuer Technologien sei Dank – in Zukunft immer mehr und bessere unbemannte Lösungen geben, die in jeder Beziehung effektiver als Menschen sind. Das ist erfreulich, nicht bedrohlich.

Angesichts der technologischen Fortschritte und einer digitalen Revolution muss alles, was möglich ist, getan werden, damit Menschen bei der Arbeit körperlich und auch geistig gesund bleiben und nicht krank, ausgebrannt oder sogar nachhaltig versehrt werden – nicht nur ihretwegen, sondern auch der Gesellschaft wegen. Arbeit menschenwürdig zu gestalten, muss Ziel der Marktwirtschaft sein. Der Mensch ist ökonomisch zu wertvoll, um ihm zunächst gefährliche, riskante und gesundheitsschädigende Arbeiten aufzubürden und ihn danach Jahrzehnte bis zum Lebensende krank durch den Sozialstaat zu schleppen. Denn das führt zu einer Privatisierung der Arbeitserträge und einer Sozialisierung der Folgekosten. Das kann weder mikro- noch makroökonomisch effizient sein.

Für menschenunwürdige Jobs gibt es Roboter. Und Maschinen kosten oft nur auf den ersten Blick scheinbar mehr als menschliche Arbeitskräfte. Werden die langfristigen – heutzutage oft vernachlässigten, da sozialisierten – Kosten von Gesundheitsschädigung, Burnouts, Depressionen und Erwerbsunfähigkeit mitberücksichtigt, zeigt sich in einer Zeit, in der es mit Automaten und Maschinen einfach verfügbare Alternativen gibt, mehr denn je der ökonomische Unsinn, Menschen durch Arbeit zu verschleißen.

Um nicht anmaßend zu sein und aus dem akademischen Elfenbeinturm von Ferne die Tätigkeiten anderer in überheblicher Manier als sinnlos, unnötig oder schädlich zu definieren, gilt es, einen ganz einfachen Lackmustest anzuwenden. Er klärt verlässlich, ob Jobs „sinnvoll" sind oder nicht. Sind Menschen nicht freiwillig, sondern nur unter Zwang bereit, zu den gegebenen Bedingungen einen Job anzunehmen, bzw. finden Arbeitgeber niemanden, der eine Aufgabe billiger und besser erledigen kann als Maschinen, braucht es diese Beschäftigung eigentlich nicht mehr.

Arbeitslosigkeit wird im Zeitalter der Digitalisierung weniger denn je Ergebnis eines Scheiterns sein, sondern mehr und mehr zum Zeichen des Erfolgs. Sie ist nicht die ungewollte Konsequenz einer hoffnungslosen Volkswirtschaft auf dem abschüssigen Weg in die Armut. Im Gegenteil: Sie ist die Errungenschaft einer hoch effizienten Automatisierung, die nicht mehr den Menschen malochen lässt, sondern ihm mehr und mehr erlaubt, einen immer größer werdenden Anteil seiner Lebenszeit nach eigenen Vorstellungen zu gestalten. Eine an sich paradiesische Entwicklung!

Wer das BGE befürwortet, geht davon aus, dass Menschen soziale Wesen sind, die nach einem besseren Leben für sich und ihre Angehörigen streben. Es wird – empirisch gut belegt – unterstellt, dass mündige, eigenverantwortlich entscheidende Personen am besten wissen, was zu tun und zu lassen ist, um glücklich zu sein oder zu werden. Dieser Überzeugung gilt es, nicht nur mit marktwirtschaftlichen Spielregeln in der Sphäre der Ökonomie gerecht zu werden. Ihr ist grundsätzlich und überall Rechnung zu tragen. Was sich im Ökonomischen bewährt, muss doch auch für das Soziale gelten!

Deshalb verzichten Grundeinkommensmodelle darauf, paternalistisch von oben irgendwelche Bedingungen einzufordern, um für soziale Unterstützung berechtigt zu sein. Sie schreiben Menschen nicht vor, wie sie sich zu verhalten haben. Das BGE wird unbesehen persönlicher Eigenschaften und Vorlieben, Lebens- oder Familienformen gewährt. Es setzt auf Eigenverantwortung und verschafft allen gleichermaßen eine finanzielle Grundausstattung. Es versorgt Menschen mit Geld. So werden sie ermächtigt, selbst zu entscheiden, wofür sie es ausgeben. Und es wird darauf verzichtet, sie zu bevormunden oder gar zu zwingen, etwas zu tun, was sie nicht wollen.

Ein Sozialstaat der Moderne muss auf die Leistungswilligen setzen, nicht auf die Leistungsverweigerer. Er soll jene ermächtigen, die etwas leisten wollen. Und er soll nicht mit einem riesigen bürokratischen Aufwand Unwillige zu Arbeiten zwingen, die durch Roboter billiger und besser erledigt werden können. Natürlich gibt es bei jedem Sozialstaatsmodell Menschen, die selbst nichts tun und auf Kosten anderer leben. Das ist aber auch jetzt bereits möglich. Denn der heutige Sozialstaat sorgt dafür, dass niemand wirtschaftlich ins Bodenlose stürzt. Trotzdem streben die wenigsten danach, von Sozialhilfe zu leben. Die meisten wollen durch eigene Leistung ihren Lebensunterhalt finanzieren.

Um es in aller Klarheit auszudrücken: Im Zeitalter der Digitalisierung wird der Wohlstand der Nationen immer weniger davon abhängen, ob es gelingt, unwillige

Menschen durch einen Überlebenszwang zu nötigen, gefährliche, schmutzige und stupide Arbeiten zu erledigen, die in aller Regel einem äußerst geringen Beitrag zur Wertschöpfung einer Gesellschaft insgesamt entsprechen und deshalb auch demgemäß schlecht bezahlt werden. Für den Wohlstand einer Volkswirtschaft wird es bei Weitem entscheidender sein, wie innovativ, kreativ und wettbewerbsfähig die Bevölkerung im Großen und Ganzen ist. Entsprechend muss ein Sozialstaat danach streben, nicht durch Zwang Missbrauch verhindern zu wollen, sondern durch Anreize Innovationspotenziale, Kreativität und Leistungsfähigkeit aller zu fördern. Mikroökonomisch sowieso, aber auch makroökonomisch sind es Leistungsfähigkeit und Leistungswille, die für den wirtschaftlichen Erfolg entscheidend sind. Sie gilt es zu stärken und zu fördern. Darauf muss ein Sozialstaat im 21. Jahrhundert ausgerichtet sein. Und nicht darauf, Menschen zu etwas zu zwingen, was nur dem nackten Überleben dient, aber für den Wohlstand und ökonomischen Fortschritt einer Volkswirtschaft insgesamt unbedeutend bleibt.

Literaturverzeichnis

Bundesministerium für Arbeit und Soziales. 2021: *Sozialbericht 2021*. Berlin (BMAS). https://www.bmas.de/SharedDocs/Downloads/DE/Publikationen/a101-21-sozialbericht-2021.pdf?__blob=publicationFile&v=3 (Zugriff v. 10.10.2022).

Fetzer, Joachim. 2007: „Subsidiarität durch Solidarisches Bürgergeld – Stellungnahme unter sozialethischen Gesichtspunkten." In *Das Solidarische Bürgergeld – Analysen einer Reformidee*, hg. von Michael Borchard, 163–188. Stuttgart: Lucius & Lucius.

Häni, Daniel und Philip Kovce. 2015: „Plädoyer für das Grundeinkommen." In: *Capital* vom 29.09.2015. http://www.capital.de/meinungen/plaedoyer-fuer-das-grundeinkommen.html (Zugriff v. 19.07.2022).

Precht, Richard David. 2022: *Freiheit für alle! Das Ende der Arbeit wie wir sie kannten*. München: Goldmann.

Sachverständigenrat (zur Begutachtung der gesamtwirtschaftlichen Entwicklung). 2009: *Die Zukunft nicht aufs Spiel setzen*, Jahresgutachten 2009/10. https://www.sachverstaendigenrat-wirtschaft.de/publikationen/jahresgutachten/fruehere-jahresgutachten/jahresgutachten-200910.html (Zugriff v. 19.07.2022).

Straubhaar, Thomas. 2021: *Grundeinkommen jetzt! Nur so ist die Marktwirtschaft zu retten*. Basel: NZZ Libro.

von der Schulenburg, J. Matthias Graf und Ute Lohse. 2014: *Versicherungsökonomik: Ein Leitfaden für Studium und Praxis*. 2. Auflage. Karlsruhe: Verlag Versicherungswirtschaft.

Werner, Götz W. und Adrienne Goehler. 2010: *1.000 Euro für jeden: Freiheit. Gleichheit. Grundeinkommen*. Berlin: Econ.

Manuel Franzmann
Das bedingungslose Grundeinkommen als Demokratisierung der sozialstrukturellen Verfügbarkeit von (bildender) Muße

1 Einleitung

Der vorliegende Text erscheint zwar in einer theologischen Fachzeitschrift. Dennoch steht die Perspektive der Soziologie, Pädagogik und Sozialen Arbeit im Vordergrund. Ich sollte aber vielleicht erwähnen, dass mir der theologische Blick nicht ganz fremd ist, da ich als Sohn eines römisch-katholischen Gemeindepfarrers aufgewachsen bin – welcher seinerseits in einem evangelischen Elternhaus groß geworden ist, während des Theologiestudiums von der evangelischen zur altkatholischen Theologie wechselte, eine Familie gründete und später anlässlich einer Kirchenkrise mit zwei Kollegen und Ausnahmegenehmigung des Papstes beruflich wie persönlich samt Familie zum römischen Katholizismus konvertierte.

Für mich kommt hinzu, dass ich mich ab dem fortgeschrittenen Studium für einige Jahre an die Professur des Soziologen Ulrich Oevermann gebunden habe – ich habe bei ihm promoviert und war längere Zeit Mitarbeiter. Oevermann haben religionssoziologische und religionshistorische Fragestellungen sehr interessiert und bis zu seinem Tod beschäftigt. Daran habe ich – nicht zuletzt vor dem Hintergrund meines Elternhauses – interessierten Anteil genommen und dann auch ein religionssoziologisches Promotionsthema gewählt, das sich in den Diskussionen dieses akademischen Umfeldes als eine Schlüsselfrage herauskristallisierte: Wie sehen jene fortgeschritten säkularisierten Glaubensvorstellungen und die durch sie angeleiteten Muster der Lebensführung aus, die nach der „Säkularisierungsthese" auf dem Vormarsch sind?

Obwohl diese These ab den 1990er Jahren innerhalb der Wissenschaft von Vielen bestritten wurde – mit überwiegend zweifelhaften empirischen Belegen, wie ich nach wie vor finde –, kam in der religionssoziologischen Forschung seltsamerweise kaum jemand auf die Idee, anhand von naturalistischem Fallmaterial empirisch-rekonstruktiv zu klären, was man sich unter der „Säkularisierung" auf der Ebene der individuellen Lebensführung konkret vorzustellen hat. Schließlich hängt die Aussagekraft von frequenzanalytischen Trenduntersuchungen, wie sie mithilfe der Umfrageforschung zur Säkularisierungsthese üblicherweise durchgeführt werden, stark von der empirischen Angemessenheit des dabei operationalisierten Säkularisierungsbegriffs ab. Stattdessen räsonierte z. B. der (sich als katholisch-gläubig bekennende) kanadische Philosoph Charles

Taylor auf über 800 Seiten in seinem *opus magnum* „A Secular Age" auf der Grundlage eines religiös voreingenommenen Säkularisierungsbegriffs, den er sich primär ideengeschichtlich aus Schriften des über 250 Jahre zurückliegenden philosophischen Aufklärungsdiskurses gebildet hatte (Taylor 2007). Andere kultivierten etymologisch-wortgeschichtliche Begriffsreflexionen, die allerdings das Begreifen realer Fallkonstellationen nicht substanziell weiterbringen, oder konstruierten sich ihren je eigenen Säkularisierungsbegriff, häufig unter Rückgriff auf die Theoreme der „funktionalen Differenzierung" und „Kontingenzbewältigung" der Systemtheorie, deren Theoriedesign aber bekanntlich nicht aus der empirischen Analyse konkreter Lebenskonstellationen menschlicher Praxis hervorgegangen ist, sondern aus der (religionsfreien) Biologie übernommen und der menschlichen Lebenspraxis gewissermaßen „übergestülpt" wurde.

Ich erwähne meine religionssoziologische Forschung zum Säkularisierungsthema hier auch deswegen, weil sie meine Beschäftigung mit der Idee eines bedingungslosen Grundeinkommens (im folgenden „BGE" abgekürzt) mitgeprägt hat. Diese Idee spielt zudem in meiner Dissertationsschrift eine wichtige Rolle, denn die Resultate der durchgeführten fallrekonstruktiven Forschung deuteten darauf hin, dass die fortschreitende kulturelle Säkularisierung individueller Glaubensvorstellungen in eine autonomisierende *Ästhetisierung* der Lebensführung mündet, für die die lebenspraktische Verfügung über bildende Muße eine zentrale Ermöglichungsbedingung darstellt.

Die große Bedeutung religionssoziologischer wie auch theologischer Aspekte für die Auseinandersetzung mit der Idee des BGEs zeigt sich m. E. schon darin, dass der Klassiker der Religionssoziologie schlechthin, Max Weber (zugleich Hauptvertreter der klassischen Säkularisierungstheorie), in seiner distanziertentzauberten Rekonstruktion der protestantischen Ursprünge der Arbeitsethik, die er im Zentrum des kulturellen Fundaments des neuzeitlichen Kapitalismus verortete, auf eine derart grundsätzliche Weise mit den fremdbestimmenden Aspekten der im Kapitalismus seiner Zeit zur institutionalisierten Herrschaft gelangten Arbeitsethik haderte, dass ihm die Idee eines BGEs hätte sympathisch sein müssen, wenn er mit dieser konfrontiert worden wäre.

> Der Puritaner wollte Berufsmensch sein, wir müssen es sein. Denn indem die Askese aus den Mönchszellen heraus in das Berufsleben übertragen wurde und die innerweltliche Sittlichkeit zu beherrschen begann, half sie an ihrem Teile mit daran, jenen mächtigen Kosmos der modernen, an die technischen und ökonomischen Voraussetzungen mechanisch-maschineller Produktion gebundenen, Wirtschaftsordnung erbauen, der heute den Lebensstil aller einzelnen, die in dies Triebwerk hineingeboren werden – nicht nur der direkt ökonomisch Erwerbstätigen –, mit überwältigendem Zwange bestimmt und vielleicht bestimmen wird, bis der letzte Zentner fossilen Brennstoffs verglüht ist. Nur wie ‚ein dünner Mantel, den man jederzeit abwerfen könnte', sollte nach Baxters Ansicht die

Sorge um die äußeren Güter um die Schultern seiner Heiligen liegen. Aber aus dem Mantel ließ das Verhängnis ein stahlhartes Gehäuse werden. (Weber 1988, 203)

Ein BGE würde es sozialstrukturell in einem Gemeinwesen ermöglichen, dass Alle wieder wie zur Zeit der Puritaner in der Frühzeit des Kapitalismus aus freien Stücken und intrinsischer Überzeugung „Berufsmenschen" sein könnten, eben ohne dazu gesellschaftlich gezwungen zu sein, aber auch ohne dass die Gesellschaft dabei den Kapitalismus völlig aufgeben müsste. Ein interessantes Detail der Lebensgeschichte von Max Weber ist, dass er diesen berühmtesten Aufsatz der Soziologie erst zu schreiben in der Lage war, nachdem er sich mithilfe seines ererbten Familienvermögens von den erdrückenden Verpflichtungen und Leistungsanforderungen seiner Professur befreit hatte, Leistungsanforderungen, die nicht so sehr das akademische Umfeld an ihn gestellt hatte, als vielmehr er selbst an sich vor dem Hintergrund einer sozialisatorisch verinnerlichten, zur zweiten Natur gewordenen asketischen Arbeitsethik, die ihn bis zu seiner psychopathologischen Arbeitsblockade gewissermaßen von innen fremdbestimmend unterjochte. Er musste sich erst lebenspraktisch durch die längere Aufgabe seiner universitären Berufspflichten, ein Leben als frei tätiger Privatier und eine Episode sinnenfroher, erotischer Erfahrungen von seinem ursprünglich genussfeindlichen protestantischen Habitus allmählich befreien und distanzieren (vgl. Radkau 2005), bevor er zu dem nüchternen analytischen Blick auf die historischen Ursprünge und Gegenwart dieser Arbeitsethik als Teil der kulturellen Grundlagen des Kapitalismus in der Lage war. Vielen Menschen sind auch heute noch vergleichbare Prozesse der selbstbestimmt-müßigen Auseinandersetzung mit sich und der Welt kaum möglich, weil ihnen dazu die nötigen Freiräume, insbesondere die ökonomische Unabhängigkeit, fehlen, sodass sie sich dem strukturellen Erwerbsarbeitszwang nicht entziehen können.

Damit sind wir der Sache nach schon bei der ersten These dieses Aufsatzes angelangt: dass das BGE sozialstrukturell und geschichtlich vor allem eines bedeuten würde: die Demokratisierung der Verfügbarkeit von Muße, die ihrseits strukturelle Voraussetzung von „Bildung" im Sinne Wilhelm von Humboldts ist.

Diese Sichtweise hat sich mir ausgehend von einer ähnlich lautenden, beiläufigen Bemerkung Ulrich Oevermanns auf einer Diskussionsveranstaltung zum BGE im Jahr 2006 an der Goethe-Universität in Frankfurt am Main, die ich damals organisiert hatte, in der Folgezeit immer stärker aufgedrängt, auch unter dem Einfluss jener krisentheoretischen Soziologie, wie sie Oevermann in expliziter Form seit 1990 auszuarbeiten begann (vgl. Franzmann 2021a), eine fallrekonstruktiv angetriebene Theorieentwicklung, an der ich über viele Jahre interessierten Anteil genommen habe, weil ich schon früh den Eindruck hatte, dass sie in der Soziologie der letzten 25 Jahre eine geradezu bahnbrechende substanzielle Neuerung auf den Weg bringt.

2 Die Relevanz der Muße-These für den Grundeinkommensdiskurs

Bevor ich die These näher erläutere, sei kurz angedeutet, worin ich deren Relevanz insbesondere für akademische Diskussionen zum BGE sehe. Letztere sind naturgemäß sehr viel stärker als politisch-öffentliche auf explizite sozialwissenschaftliche Theorie- und Begriffsbildung ausgerichtet. Besonders in dieser Hinsicht sehe ich in dem Mußebegriff ein großes Potenzial.

Es gibt zahlreiche Charakterisierungen des BGEs, die sich jeweils auf einen konkreten gesellschaftlichen Problemkomplex beziehen und zu bestimmen versuchen, was es dort bedeuten würde. Über die Jahre ist so ein großer Reichtum an Aspekten deutlich geworden, die nicht nur für ein differenziertes Bild unverzichtbar sind, sondern auch den universalistischen Charakter des BGEs anschaulich werden lassen. Dieser resultiert aus den *Autonomiegewinnen*, die es Individuen in unterschiedlichsten Lebenskonstellationen und -situationen verschaffen würde – nichts hat einen universalistischeren Charakter als Autonomie. Unter den zahlreichen Facetten eines BGEs gibt es nicht wenige, die für sich betrachtet auch durch andere technische Lösungen zu erreichen wären, sodass daraus noch kein überzeugendes Argument speziell für das BGE abgeleitet werden kann. Wenn das BGE z. B. in jüngster Zeit als ökonomische Absicherung in Pandemie-Zeiten diskutiert wurde, so zeigt sich zwar auch darin wieder seine Vielseitigkeit, die mit seinem universalistischen Charakter zusammenhängt. Aber isoliert betrachtet ergibt sich aus dem Aspekt der Einkommenssicherung in Pandemiezeiten kein spezifisches Argument pro BGE, weil auch hier andere technische Lösungen – wenn vielleicht auch nicht so einfache und flächendeckende – vorstellbar sind. Das BGE ist in seiner Spezifik erst schlüssig begründbar, wenn dabei die durch es bedingten *Autonomiegewinne* wertrational im Zentrum stehen.

Um diesen universalistischen Kern des BGEs sozialwissenschaftlich-theoretisch genauer zu bestimmen, reicht der Autonomiebegriff aber nicht aus. Denn dafür ist er zu abstrakt. So lässt er unexpliziert, welcher Art die durch ein BGE bedingten konkreten Autonomiegewinne sind. Zahlreiche Aspekte tragen in der gesellschaftlichen Praxis zur Autonomisierung bei. Wohlstandsgewinne haben erweiterte Handlungsmöglichkeiten zur Folge, ebenso technologische Innovationen, aber auch kulturelle Liberalisierungen, Bildungsfortschritte, Fortschritte in der Rechtssicherheit, der Gesundheit, der politischen und gesellschaftlichen Mitbestimmung und anderes mehr. Philippe Van Parijs hat sich in einer gleichlautenden Buchpublikation zum BGE des komplexeren Ausdrucks „Real Freedom for All" bedient, um nicht bloß abstrakt von „Autonomie" zu sprechen. Diese Wortwahl deutet an, dass ein BGE einen wesentlichen Beitrag dazu leistet, dass nicht allein Privilegierte, sondern alle Menschen in einem Gemeinwesen „Freiheit" genießen, und dies nicht nur theoretisch oder formal in bestimmten abstrakten Hinsichten, sondern „real", d. h. lebenspraktisch-konkret. Hier steht eine lange historische Debatte im Hintergrund, die spätestens im klassischen Zeitalter der bürgerlichen Gesellschaft des 19. Jahrhunderts im Angesicht der „sozialen Frage" begonnen hat und zur Entstehung wie Fortentwicklung des Sozialstaats beitrug: die Debatte zu den Grenzen der „bürgerlichen Vertragsfreiheit", die in der bürgerlichen Gesellschaft des 19. Jahrhunderts den Kern des damals maßgeblichen, noch sehr eingeschränkten Freiheitsverständnisses bildete, welches durch sozioökonomische Abhängigkeitsverhältnisse häufig so stark konterkariert wurde, dass die Betroffenen von ihrer bürgerlichen Vertragsfreiheit angesichts der faktischen Heteronomie nicht mehr allzu viel hatten.

In den letzten Jahrzehnten haben sozialwissenschaftliche Ansätze wie der *capability approach* von Amartya Sen und Martha Nussbaum dazu beigetragen, differenzierter zu bestimmen, welche Dimensionen „existenzieller Sicherheit" auf die tatsächliche Autonomie Einfluss nehmen. Ich bin allerdings der Auffassung, dass man diese Ansätze mit dem Mußebegriff grundlegend erweitern sollte. Die Verfügung über Muße ist sozial höchst ungleich verteilt und geht in den klassischen sozialen Ungleichheitsdimensionen keineswegs auf. Viele der Dimensionen existenzieller Sicherheit sind zwar für die grundsätzliche Verfügbarkeit von Muße eine Voraussetzung. Aber sie sind dafür nicht hinreichend. Muße ist etwas ausgesprochen Anspruchsvolles, sofern ihre Verfügbarkeit nicht bloß Zufällen überlassen oder zeitlich begrenzt bleiben soll. Sie ist in meinen Augen zudem geradezu der Inbegriff von Autonomie und eignet sich deswegen als analytischer Fluchtpunkt eines erweiterten Ansatzes der sozialen Ungleichheitsforschung, welcher Praxiskonstellationen kritisch daraufhin analysiert, was darin die Verfügbarkeit von Muße verhindert.

Die Relevanz des Mußebegriffs für eine sozialwissenschaftliche Auseinandersetzung mit dem BGE erfährt eine zusätzliche Bekräftigung, wenn man ihn mit dem wohl verbreitetsten Versuch vergleicht, den universalistischen Kern des BGEs formelhaft „auf den Begriff" zu bringen. Ihm zufolge bedeutet ein BGE „die Möglichkeit, Nein zu sagen" (für Deutschland vgl. z. B. Offe 2009), etwa zu entfremdeten oder ausbeuterischen Formen von Erwerbsarbeit, generell zu unterdrückerischen, unfairen, einschränkenden Sozialbeziehungen (darunter auch partnerschaftliche), zu Lebensformen und Lebensentwürfen, zu denen sich Individuen aus Gründen des Lebensunterhalts bisher gezwungen sahen. So hilfreich diese elementare Bestimmung in mancher Hinsicht ist, sie erscheint für die analytisch-begrifflichen Zwecke sozialwissenschaftlicher Theoriebildung aus einem einfachen Grund als nicht ausreichend: Es handelt sich nur um eine Bestimmung *ex negativo*. Die begriffliche Erkenntnis der Wissenschaft ist aber erst abgeschlossen, wenn sie ihre Gegenstände positiv „auf den Begriff zu bringen" vermag – das impliziert auch: nicht bloß metaphorisch-bildsprachlich, sondern mit wörtlich zu verstehenden Begriffen und Sätzen. Die genannte Bestimmung *ex negativo* expliziert treffend, was mit einem BGE an Zwängen und Einschränken *wegfällt*: der individuell bestehende Erwerbsarbeitszwang und darüber vermittelt weitere Zwänge und Abhängigkeitsbeziehungen, die damit verbunden sind. Die Bestimmung bringt jedoch nicht *positiv* auf den Begriff, was eine Lebensgestaltung mit BGE für sich betrachtet kennzeichnen würde, d. h. jenseits dessen, was mit seiner Einführung fortfällt. Zwar ist dieses Positive darin logisch betrachtet gewissermaßen als Kehrseite immerhin implizit enthalten. Der Mußebegriff gibt ihm jedoch einen angemessenen eigenen Namen, wie mir scheint.

3 Was ist Muße?

Jedoch hängt viel davon ab, was man analytisch genau unter „Muße" versteht. Mich überzeugt eine krisen- und praxistheoretische Konzeptualisierung, die subjektivistische Verkürzungen vermeidet und den Begriff klar von Praxisformen wie Ausruhen, Entspannen, Erholen, Zerstreuen sowie Kontemplation bzw. Reflexivität abgrenzt (vgl. dazu auch Franzmann 2010, 2014, 2017b, 2017a, 2020b, 2021b).

Sicherlich verweist das Wort Muße nicht zuletzt auf einen spezifischen Gemütszustand, der sich dadurch auszeichnet, dass sich das betreffende Subjekt unbedrängt fühlt und sich vor diesem Hintergrund in Ruhe, ausschließlich intrinsisch motiviert, mit etwas um seiner selbst willen beschäftigen kann. Aber den Mußebegriff ausschließlich als psychischen Zustand zu bestimmen, wäre meines Erachtens eine fragwürdige begriffliche Reduktion, die einem Subjektivismus Vorschub leistete. Das Wort verweist nämlich, wenn mich nicht alles täuscht, ebenso auf die entsprechende praktische Situation, in der ein Subjekt über einen solchen Freiraum verfügt und nicht unter praktischem Handlungsdruck steht.

Wie sich darin andeutet, ist der Mußebegriff insgesamt praxistheoretisch zu bestimmen, d. h. als eine spezifische Praxis, die dadurch charakterisiert ist, dass sich das betreffende Subjekt sowohl in einer müßigen Lage befindet als auch einen entsprechenden Gemütszustand darin annimmt, sodass es in dieser Einheit von äußerer und innerer Verfassung die zur Verfügung stehende freie Zeit unbedrängt und selbstbestimmt mit einer Tätigkeit füllen kann und füllt. Dass Muße in erster Linie eine Praxis ist und als solche bestimmt werden muss, ist für den sozialwissenschaftlichen Diskurs alles andere als selbstverständlich.

Als Praxis unterscheidet sich Muße grundsätzlich von Tätigkeitsformen wie Ausruhen, Entspannen, Erholen, Zerstreuen, die häufig mit Muße verwechselt oder davon zumindest nicht klar genug unterschieden werden. Wer sich aber ausruhen muss, ist in diesem Moment gerade nicht in einem ruhigen, müßigen Gemütszustand. Wer müde und erschöpft ist, befindet sich in einem Zustand der Bedürftigkeit und der Bedrängnis durch die unbefriedigten Bedürfnisse. Wer sich ausruht, entspannt, erholt, zerstreut, gibt dieser Form von Fremdbestimmung nach. Erst wenn man ausgeruht und erholt ist, wenn das Bedürfnis nach Rekreation befriedigt ist, kann die Praxis der Muße im engeren Sinne entstehen, sofern man dann weiterhin über freie Zeit verfügt.

Der Mußebegriff wird in meinen Augen oft auch nicht klar genug von Formen der „Kontemplation" oder „Reflexivität" unterschieden. Zwar gibt es zwischen beidem einen Zusammenhang, sodass nachvollziehbar ist, dass beides miteinander in Verbindung gebracht wird. Dennoch muss man es analytisch-begrifflich erst einmal klar auseinanderhalten, um den Zusammenhang in der Folge angemessen bestimmen zu können. In der mittelalterlichen Philosophie wurde zwischen einer „vita activa" und einer „vita contemplativa" unterschieden. Wie unschwer zu erkennen ist, geht es hierbei um die Differenz zwischen einem zweckgerichteten Praxisvollzug und einer (unter Umständen auch längerfristigen) Unterbrechung desselben durch eine Reflexionsphase. Der Mußebegriff liegt jedoch quer dazu. Über Muße zu verfügen, ist zwar für Reflexivität sehr förderlich. Aber man kann die Praxis der Muße auch anders füllen. So gut wie jede Tätigkeit, die zum (tätigkeitsäußerlichen) Zwecke des Erwerbs eines Lebensunterhalts oder zu anderen äußerlichen Zwecken ausgeübt wird, kann im Prinzip auch in freier Muße um ihrer selbst willen vollzogen werden. Dies können somit auch Tätigkeiten sein, die immanent auf praktische Zwecke ausgerichtet sind und nicht primär aus Kontemplation bestehen.

Wenn man jedoch eine Tätigkeit „müßig", und das impliziert: ausschließlich nach sachimmanenten Kriterien und aus intrinsischer Motivation, ausübt, hat man allen Grund, sie so sorgfältig auszuführen, wie es sachlich sinnvoll erscheint und sich die dazu nötige Zeit zu nehmen, die unter Bedingungen der Muße auch zur Verfügung steht. Ebenso hat man allen Grund, sich immer wieder reflexiv damit auseinanderzusetzen, wie man die Tätigkeit perspektivisch noch besser vollziehen könnte. Die mußehafte (um nicht erneut zu sagen: „müßige")

Ausübung einer Tätigkeit führt also aus ihrer immanenten Logik heraus zu einer Dynamik der selbstreflexiven Kultivierung der Tätigkeit. Insofern kann man sagen, dass die Praxis der Muße zwar nicht mit Kontemplation bzw. Reflexion begrifflich gleichgesetzt werden kann. Aber sie tendiert aus sich heraus zu einem hohen Maß an Reflexivität, Auseinandersetzung, Bildung, selbst dort, wo bei der Muße eine praktische, zweckgerichtete Tätigkeit im Vordergrund steht.

Muße im ausgeführten Sinne erscheint geradezu als Inbegriff einer autonomen Praxis, denn erst wenn das Subjekt vollständig erholt ist, dringliche elementare Bedürfnisse befriedigt hat, auch virulente Verpflichtungen usw. erfüllt sind und dann weiterhin disponible Zeit zur Verfügung ist, die nicht unter den Vorzeichen einer Fremdbestimmung steht, kann sich Muße formieren. Nicht umsonst erfand Karl Marx für sie den Ausdruck „Reich der Freiheit". Frei disponible Zeit im Sinne der Muße muss daher kultursoziologisch betrachtet von klassischer „Freizeit" analytisch strikt unterschieden werden, die wie die Erwerbsarbeit der Sphäre der Entfremdung angehört. Das Verhältnis zwischen „Erwerbsarbeit" und klassischer „Freizeit" wird insbesondere durch den Rekreationsbedarf bestimmt, den die Erwerbsarbeit immer wieder neu erzeugt und als ein Fremdbestimmungsmoment gewissermaßen an die klassische „Freizeit" weiterreicht, sodass dort dem Erholungsbedürfnis erst einmal nachgegeben werden muss, unter dessen Vorzeichen die klassische Freizeitsphäre steht.

Wichtig zu sehen ist, dass auch Arbeitslosigkeit wenig mit Muße zu tun hat. „Arbeitslosigkeit" bleibt, wie schon der Ausdruck klarstellt, negativ an die Norm der Erwerbsarbeit gebunden. Sie ist gesellschaftlich als bloßer Mangelzustand konstruiert und institutionalisiert, in welchem man nicht mit einem positivierten Lebensentwurf „sesshaft" werden darf. Wer sich lange in Arbeitslosigkeit befindet, lebt daher in sozialer Hinsicht in einem andauernden Ausnahmezustand, in dem es keine vollgültige Anerkennung gibt. Dies – und nicht etwa jene verbreitete mystifizierend-anthropologisierende Deutung, wonach der Mensch in puncto Sinnstiftung speziell auf die Praxisform der Erwerbsarbeit angewiesen sei – bildet den strukturellen Hintergrund dafür, dass die Situation der Arbeitslosigkeit psychisch belastend ist. Sie erzeugt in paradox anmutender Weise selbst dann negativen Stress und macht perspektivisch krank, wenn man trotz Bewerbungen und Fortbildungen noch viel Zeit in der Woche übrighat, sodass einem vor lauter freier Zeit die „Decke auf den Kopf fällt", wie das von einigen Langzeitarbeitslosen tatsächlich formuliert wird (vgl. dazu Bauer u. a. 2011). Kaum etwas ist sozialwissenschaftlich so gründlich erforscht, wie diese psychische Belastungswirkung der Arbeitslosigkeit (vgl. z. B. Kieselbach und Rogge 2010), die genuine Muße gar nicht erst aufkommen lässt, auch nicht bei flankierenden Entspannungs- und Achtsamkeitspraktiken.

Wie man daran ablesen kann, ist genuine Muße gesellschaftlich nur begrenzt verfügbar. Sie war historisch primär ein Privileg wohlhabender Schichten, zunächst insbesondere aristokratischer Kreise, später dann des Großbürgertums, paradigmatisch verkörpert in den britischen Gentlemen und ihrer geistesaristokratischen Lebensmaxime: nicht zu arbeiten, um zu essen, sondern zu essen, um (auf der Grundlage großer Besitztümer frei und selbstbestimmt) zu arbeiten (das bedeutet hier nicht „Erwerbsarbeit", sondern sinnvolle Tätigkeit um ihrer selbst willen). Tatsächlich spielten progressive Teile dieser „Gentlemen", darunter auch Frauen, bei der weltweit wohl ersten intensiven Intellektuellen-Diskussion zur Idee eines BGEs im Großbritannien der Zwischenkriegszeit die prägende Rolle (vgl. Sloman 2019a; Sloman, Vargas und Pinto 2021). Bertrand Russell diskutierte z. B. in seinem Buch *Roads to Freedom* (1918) die Vision eines „Vagabond wage"; 1932 veröffentlichte er den Aufsatz *In Praise of Idleness*. G. D. H. Cole machte sich für die Idee einer „Sozialdividende" stark. J. Rhys-Williams versuchte, das sich während des Zweiten Weltkrieges anbahnende „Beveridge-Modell" des Sozialstaats in die Richtung eines BGEs umzulenken usw. (Sloman 2019a).

Auch der Jahrhundert-Ökonom Keynes, ebenfalls Brite, stand dem BGE mit Sympathie gegenüber (Sloman 2019b); in seinem Aufsatz *Economic Possibilities for Our Grandchildren* (1931) prognostizierte er angesichts des zu erwartenden technologischen Fortschritts und als Kontrapunkt zu der seit 1929 vorherrschenden Wirtschaftsdepression für die Zeit einhundert Jahre später nur deshalb eine 15-Stunden-Woche, weil er vermutete, dass es der tief von der Arbeitsethik geprägten Gesellschaft wohl auch dann noch schwerfallen würde, auf eine Mindesterwartung hinsichtlich der Erwerbsarbeitsbeteiligung der Bürger gesellschaftlich ganz zu verzichten, was er selbst jedoch technologisch wie ethisch als britischer Gentleman für vorstellbar hielt! In den USA der 1960er-Jahre hatten Stimmen mit einem Erfahrungshintergrund der britischen Gentleman-Kultur bei der ersten politisch-öffentlichen (nicht mehr bloß intellektuellen) Debatte zum „Guaranteed Minimum Income" im „Grand-Society"-Liberalismus der damaligen Zeit geradezu stichwortgebenden diskursiven Einfluss (vor allem der Cambridge-studierte, schottlandstämmige Ökonom John Kenneth Galbraith und der in Indien als Sohn eines britischen Geschäftsmanns geborene und ebenfalls Cambridge-studierte Ökonom Robert Theobald). Die erste deutsche BGE-Diskussion in den 1980er-Jahren wurde vom (späteren Lord) Ralf Dahrendorf initiiert, der an der *London School of Economics* beim britischen Soziologen Thomas H. Marshall promoviert hatte. Letzterer war sich mit dem britischen Ökonomen Alfred Marshall darin einig, dass die Sozialstaatsentwicklung eines Tages, getragen durch den wachsenden Wohlstand, jedem erlaube werde und auch erlauben solle, eine universalisierte Version des Gentleman-Ideals zu leben (Marshall 1992, 35–37).

Bis heute bleibt jedoch die Verfügbarkeit von Muße sozialstrukturell sehr ungleich verteilt, weil sie ökonomisch voraussetzungsvoll ist, aber ebenso von kulturellen Legitimationsstrukturen und weiteren Bedingungen existenzieller Sicherheit abhängt, wie sie nicht zuletzt im *capability approach* thematisch sind.

4 Demokratisierung der Muße und Bildung im Sinne Wilhelm von Humboldts

Die (empirisch gut belegbare) klassische Bildungstheorie Wilhelm von Humboldts vermag darauf aufmerksam zu machen, dass die Demokratisierung der Muße, so meine zweite These, höchstwahrscheinlich in der Breite der Gesellschaft in einem bisher nicht gekannten Ausmaß substanzielle Bildungseffekte (im Humboldt'schen Sinne) hätte. Ich kann das hier nur andeuten und verweise daher auch auf einen Aufsatz, der diesen Punkt ausführlicher behandelt (Franzmann 2022). In Humboldts Theorie ist Muße (als Inbegriff von autonomer, auf intrinsischer Motivation beruhender Praxis) *unverzichtbare* Voraussetzung genuiner Bildung. Das impliziert unter anderem, dass in unseren Schulen derzeit von genuiner Bildung nur bedingt gesprochen werden kann. Muße findet man dort tatsächlich kaum, obwohl das altgriechische Wort *scholé* ursprünglich „Muße" bedeutete. Die Kombination von Schulpflicht, leistungszensierendem Notenregime und „top-down" vorgegebenen curricularen Lerninhalten erlauben es den Lehrkräften in der Unterrichtspraxis nur eingeschränkt, tatsächlich von den intrinsischen Fraglichkeiten („Krisen") der Bildungssubjekte auszugehen und im Anschluss daran im Rahmen eines freien pädagogischen Arbeitsbündnisses deren genuine Bildungsprozesse zu befördern (vgl. Franzmann 2020a, 2020c; Franzmann und Pawlytta 2006), wie es nach der empirisch ausgesprochen fundierten Professionalisierungstheorie Oevermanns eigentlich der Fall sein müsste (vgl. Oevermann 2002, 2006, 2008). Dementsprechend erscheint es als folgerichtig, dass in der Schulpädagogik seit Langem der Begriff des „Lernens" und nicht „Bildung" dominiert, die Oevermann auf instruktive Weise als einen Prozess der *Krisenbewältigung* (insbesondere von „Krisen durch Muße") bestimmt hat – was „Aneignung" einschließt und zur Autonomie führt, wie es auch schon Humboldt gesehen hat, wohingegen „Lernen" im Kontrast dazu im Modus der *Routine* erfolgt und durchaus fremdbestimmt initiiert worden sein kann (Oevermann 2016, 111–14).

Angesichts der sozial sehr ungleichen Verteilung der Verfügbarkeit von Muße haftet dem Humboldt'schen Bildungsideal bis heute etwas Elitär-Privilegiertes an. Dies ist jedoch primär den gesellschaftlichen Verhältnissen geschuldet und kann kaum Humboldt angelastet werden, wie das folgende Zitat demonstriert, das dessen egalitäre Ausrichtung belegt:

> Das höchste Ideal des Zusammenexistierens menschlicher Wesen wäre mir dasjenige, in dem jedes nur aus sich selbst, und um seiner selbst willen sich entwickelte. (Humboldt 1999 [1792], 197)

Zwar war Humboldt im Hinblick auf die sozioökonomischen, politischen und kulturellen Voraussetzungen einer Verwirklichung dieses Ideals des Zusammenexistierens sicherlich naiv und ganz Kind seiner Zeit, das bedeutet: der gerade erst im Entstehen befindlichen klassischen bürgerlichen Gesellschaft des 19. Jahrhunderts. Dies zeigt nicht zuletzt sein Aufsatz zu den „Grenzen der Wirksamkeit des Staates" von 1792, in dem ein Sozialstaat natürlich noch nicht vorgesehen war, das skizzierte Staatsmodell stattdessen einem liberalistischen „Nachtwächterstaat" ähnelte und in „bestimmter Negation" (Hegel) vornehmlich Ausdruck seines Bestrebens war, die bis dahin vorherrschenden Formen einer paternalistischen staatlichen Bevormundung zugunsten der Autonomie der Bürger zurückzudrängen, ohne schon viel von weiteren Voraussetzungen „realer Autonomie" in der konkreten gesellschaftlichen Wirklichkeit zu wissen. Es kann aber in meinen Augen kein Zweifel daran bestehen, dass Humboldts egalitäres Bildungsideal, und nichts scheint ihm wichtiger gewesen zu sein, für sich betrachtet ein bedingungsloses Grundeinkommen in letzter Konsequenz impliziert.

Wie konsequent dialektisch Humboldt seine Bildungstheorie angelegt hat, zeigen folgende Äußerungen, in denen er zugleich auf einen auch noch in unserer Gegenwart notorischen Einwand gegenüber Forderungen nach mehr Autonomie einging, der schon von Beginn an auch gegenüber dem BGE erhoben wird:

> Denn durch nichts wird diese Reife zur Freiheit in gleichem Grade befördert, als durch Freiheit selbst. Diese Behauptung dürften zwar diejenigen nicht anerkennen, welche sich so oft gerade dieses Mangels der Reife, als eines Vorwandes bedient haben, die Unterdrückung fortdauern zu lassen. Allein sie folgt, dünkt mich, unwidersprechlich aus der Natur des Menschen selbst, Mangel an Reife zur Freiheit kann nur aus Mangel intellektueller und moralischer Kräfte entspringen; diesem Mangel wird allein durch Erhöhung derselben entgegengearbeitet; diese Erhöhung aber fordert Uebung, und die Uebung Selbstthätigkeit erwekkende Freiheit. (Humboldt 1999 [1792], 302–303)

Man könnte dem pointiert hinzufügen, dass sich die Reife zum vernünftigen Umgang mit konkreten Autonomiespielräumen nicht durch ein Vorab-Lernen von „Autonomievokabeln" oder entsprechenden Theorien bilden kann, sondern an erster Stelle durch erfahrungsgenerierenden praktischen Vollzug. Wenn man also, wie Wolfgang Engler im Buch *Unerhörte Freiheit* (2007), Subjekten vor der

Gewährung der „unerhörten" Autonomie eines BGEs zuerst „Bildung" vermitteln wollte, kann es sich dabei gar nicht um genuine Bildung im Sinne Humboldts handeln, für die Autonomie (bzw. Muße als Inbegriff derselben) sowohl unverzichtbare Voraussetzung als auch wesentlichstes Resultat ist. Bei Humboldt ist dieses dialektische Verständnis in bewundernswerter Klarheit und Konsequenz angelegt, und darin hat es ein enormes, unausgeschöpftes gesellschaftskritisches Potenzial, wenn man nur die gesellschaftlichen Bedingungen ausbuchstabiert, die seine Verwirklichung verlangen würde.

Es mag hierbei auf den ersten Blick wie ein Widerspruch erscheinen, dass das, was als Produkt eines Prozesses erscheint, zugleich als Ausgangspunkt firmiert: Autonomie. Diese scheinbare Widersprüchlichkeit verschwindet aber schnell, wenn man differenziert, um welche konkrete Form von Autonomie es jeweils geht. Am Anfang des Bildungsprozesses steht eine noch ungebildete Autonomie, bei der das Bildungssubjekt zwar autonom-intrinsisch eine Entscheidung selbstverantwortlich trifft, allerdings ohne schon in vollem Umfang zu wissen, was sie bedeutet und wohin sie führt. Am Ende steht dann die substanziell gefüllte Autonomie, die sich an den durch eigene Entscheidungen initiierten Handlungsfolgen und Erfahrungen rekonstruierend-erkenntnisbildend (selbstverständlich nicht bloß „konstruierend") herangebildet hat. Ein ähnliches Modell findet man m. E. auch schon in mythischer Darstellungsform in der biblischen Schöpfungsgeschichte der Vertreibung von Adam und Eva aus dem paradiesischen Garten Eden (vgl. Franzmann 2017b, 481–88).

5 Schlussbemerkung

Ein universalisiertes Humboldt'sches Bildungsideal (oder auch britisches „Gentleman-Ideal" u. ä.) kann man natürlich schon für sich wertschätzen. Es ist aber mittlerweile, dies ist meine dritte These, nicht mehr nur eine Frage des persönlichen Wertstandpunktes, vielmehr drängt es sich durch die Herausforderungen des beschleunigten gesellschaftlichen Strukturwandels auch auf. Denn das schon seit Jahrzehnten gebetsmühlenhaft beschworene „lebenslange Lernen" greift, daran habe ich seit einiger Zeit keinen Zweifel mehr, zu kurz, um diesen Herausforderungen gerecht zu werden.

Seit der Finanzkrise von 2008 kumuliert nicht nur eine globale Großkrise auf die andere (Franzmann 2021b), was den auch so schon stark beschleunigten Wandel zusätzlich antreibt. Es nehmen auch fast überall auf der Welt ressentimentgetragene sozialpathologische Erscheinungen zu. Dafür ist die eingefleischte Trump-Anhängerschaft in den USA nur der sinnfälligste Ausdruck.

Ein durchgehender Zug scheint dabei zu sein, dass sich ein erheblicher Teil der Menschen auf unterschiedliche Weise durch das Tempo des Strukturwandels in ihrer bisherigen „inneren Beheimatung" bedrängt fühlt, weil in ihrer Lebenspraxis die nötigen Freiräume fehlen, um sich ohne Problemdruck, sozusagen in spielerischer Form, also selbstbestimmt-müßig mit Veränderungen auseinandersetzen zu können, im Sinne des Humboldt'schen Bildungsbegriffs. Falls diese Diagnose stimmen sollte, ist wohl auch damit zu rechnen, dass sich diese Problematik in den kommenden Jahrzehnten eher noch verschärfen dürfte. Zweifellos birgt sie Gefahren für die Demokratie, aus deren Perspektive ein großes Interesse daran bestehen muss, dass sich möglichst alle Menschen mit gravierenden gesellschaftlichen Veränderungen in ihrer Lebensspanne immer wieder neu auf selbstbestimmt-aneignende Weise ins Vernehmen setzen können. Ein BGE würde dafür die sozialstrukturelle Grundlage liefern.

Literaturverzeichnis

Bauer, Frank, Manuel Franzmann, Philipp Fuchs und Matthias Jung. 2011. *Implementationsanalyse zu § 16e SGB II in Nordrhein-Westfalen, Teil II: Erfahrungen der Geförderten*. IAB-Regional. Berichte und Analysen aus dem Regionalen Forschungsnetz. IAB Nordrhein-Westfalen. Nürnberg: Institut für Arbeitsmarkt- und Berufsforschung. http://www.iab.de/389/section.aspx/Publikation/k111025n01 (Zugriff v. 26.10.2011).

Engler, Wolfgang. 2007. *Unerhörte Freiheit. Arbeit und Bildung in Zukunft*. Berlin: Aufbau-Verlag.

Franzmann, Manuel. 2010. „Einleitung. Kulturelle Abwehrformationen gegen die 'Krise der Arbeitsgesellschaft' und ihre Lösung: Die Demokratisierung der geistesaristokratischen Muße". In *Bedingungsloses Grundeinkommen als Antwort auf die Krise der Arbeitsgesellschaft*, hg. v. Manuel Franzmann, 11–103. Weilerswist: Velbrück Wissenschaft.

Franzmann, Manuel. 2014. „Arbeitsethik in der Gegenwart". *Liberale Perspektiven* Dezember: 35–40.

Franzmann, Manuel. 2017a. *Das bedingungslose Grundeinkommen als epochaler Fortschritt in der Sozialstaatsentwicklung?* Kiel: Christian-Albrechts-Universität zu Kiel. https://macau.uni-kiel.de/receive/publ_mods_00001586 (Zugriff v. 17.02.2020).

Franzmann, Manuel. 2017b. *Säkularisierter Glaube. Fallrekonstruktionen zur fortgeschrittenen Säkularisierung des Subjekts*. Weinheim: Beltz Juventa.

Franzmann, Manuel. 2020a. „Auf dem Weg zur Erforschung des Schulunterrichts in seiner realen Komplexität. Das Datenerhebungskonzept einer minimalinvasiven Totalerhebung in situ mithilfe digitaler Multitrack-Aufnahmetechnik". In *Qualitative Videoanalyse in Schule und Unterricht*, hg. v. Michael Corsten u. a., 271–85. Weinheim: Beltz Juventa.

Franzmann, Manuel. 2020b. *Demokratisierung der Muße? Das bedingungslose Grundeinkommen aus bildungstheoretischer Sicht*. Kiel: Christian-Albrechts-Universität zu Kiel. https://macau.uni-kiel.de/receive/macau_mods_00000319 (Zugriff v. 14.01.2020).

Franzmann, Manuel. 2020c. „Minimalinvasive, audiovisuelle ‚Totalaufnahmen' und Partiturtranskripte. Ein Datenerhebungskonzept der naturalistischen (objektiv-hermeneutischen) Unterrichtsforschung in situ zur professionalisierungstheoretischen Erforschung der realen Komplexität der schulpädagogischen Interventionspraxis." https://macau.uni-kiel.de/receive/macau_mods_00000598 (Zugriff v. 29.07.2020).

Franzmann, Manuel. 2021a. *Krisentheoretische Perspektiven auf Bildung und Transformation im Lebenslauf (Vorlesung 1)*. https://nbn-resolving.org/urn:nbn:de:gbv:8:3-2021-00307-0 (Zugriff v. 02.08.2021).

Franzmann, Manuel. 2021b. *Der beschleunigte gesellschaftliche Strukturwandel als Herausforderung für Bildung und biografische Transformationen (Vorlesung 2)*. Kiel: Christian-Albrechts-Universität zu Kiel. https://nbn-resolving.org/urn:nbn:de:gbv:8:3-2021-00308-5 (Zugriff v. 02.08.2021).

Franzmann, Manuel. 2022. „Das bedingungslose Grundeinkommen und die Ermöglichung von Bildung über die Lebensspanne im Kontext des dynamisierten Strukturwandels. Krisentheoretische Interpretation der Bildungstheorie Wilhelm von Humboldts." *Pädagogische Korrespondenz* 34: 51–75.

Franzmann, Manuel und Christian Pawlytta. 2006. „Unterrichtsinteraktion in der Grundschule: Zur Frage der ungelösten Professionalisierung von Lehrern. Eine Fallrekonstruktion." In *Soziale Ungleichheit, Kulturelle Unterschiede. Verhandlungen des 32. Kongresses der Deutschen Gesellschaft für Soziologie in München 2004*, hg. v. Karl-Siegbert Rehberg, 4453–70. Frankfurt am Main: Campus.

Humboldt, Wilhelm von. 1999. *Sämtliche Werke. Band 1: Schriften zur Anthropologie und Geschichte*. Essen: Mundus.

Kieselbach, Thomas und Benedikt G. Rogge. 2010. „Alltagszeit in der Arbeitslosigkeit. Ein ‚tragisches Geschenk'?" In *Deutsche Zustände*, (Band 9), hg. v. Wilhelm Heitmeyer, 228–42. Frankfurt am Main: Suhrkamp.

Marshall, Thomas H. 1992. *Bürgerrechte und soziale Klassen. Zur Soziologie des Wohlfahrtsstaates*. Frankfurt am Main, New York: Campus.

Oevermann, Ulrich. 2002. „Professionalisierungsbedürftigkeit und Professionalisiertheit pädagogischen Handelns." In *Biographie und Profession*, hg. v. Margret Kraul, Winfried Marotzki und Cornelia Schweppe, 19–63. Bad Heilbrunn: Klinkhardt.

Oevermann, Ulrich. 2006. „Zur Behinderung pädagogischer Arbeitsbündnisse durch die gesetzliche Schulpflicht." In *Schulentwicklung. Vom Subjektstandpunkt ausgehen*, hg. v. Thomas Rihm, 69–96. Wiesbaden: VS Verlag für Sozialwissenschaften.

Oevermann, Ulrich. 2008. „Profession contra Organisation? Strukturtheoretische Perspektiven zum Verhältnis von Organisation und Profession in der Schule." In *Pädagogische Professionalität in Organisationen. Neue Verhältnisbestimmungen am Beispiel der Schule, Studien zur Schul- und Bildungsforschung*, hg. v. Werner Helsper, 55–78. Wiesbaden: VS Verlag für Sozialwissenschaften.

Oevermann, Ulrich. 2016. „‚Krise und Routine' als analytisches Paradigma in den Sozialwissenschaften." In *Die Methodenschule der Objektiven Hermeneutik*, hg. v. Roland Becker-Lenz, Andreas Franzmann, Axel Jansen und Matthias Jung, 43–114. Wiesbaden: VS Verlag für Sozialwissenschaften.

Offe, Claus. 2009. „Das bedingungslose Grundeinkommen als Antwort auf die Krise von Arbeitsmarkt und Sozialstaat." In *Arbeit und Freiheit im Widerspruch? Bedingungsloses Grundeinkommen – ein Modell im Meinungsstreit*, hg. v. Hartmut Neuendorff, Gerd Peter und Frieder O. Wolf, 20–43. Hamburg: VSA-Verlag.

Radkau, Joachim. 2005. *Max Weber. Die Leidenschaft des Denkens*. München: Wissenschaftliche Buchgesellschaft.

Sloman, Peter. 2019a. *Transfer State. The Idea of a Guaranteed Income and the Politics of Redistribution in Modern Britain*. Oxford, New York: Oxford University Press.

Sloman, Peter. 2019b. „John Maynard Keynes on Universal Basic Income." http://www.inthelongrun.org/index.php/articles/article/john-maynard-keynes-on-universal-basic-income (Zugriff v. 11.02.2020).

Sloman, Peter, Daniel Zamora Vargas und Pedro Ramos Pinto, Hg. 2021. *Universal Basic Income in Historical Perspective*. London: Palgrave Macmillan.

Taylor, Charles. 2007. *A Secular Age*. Cambridge: Harvard University Press.

Weber, Max. 1988. „Die protestantische Ethik und der Geist des Kapitalismus." In *Gesammelte Aufsätze zur Religionssoziologie I*, 17–206. Tübingen: Mohr.

Gerhard Kruip
Bedingungsloses Grundeinkommen – aus sozialethischer Perspektive

Seit Jahrzehnten keimt die Diskussion um ein „bedingungsloses Grundeinkommen" (abgekürzt: BGE) immer wieder neu auf. Die Grundidee ist schon sehr alt und die Argumente pro und contra sind eigentlich ausgetauscht. In den 1960er Jahren propagierte der Chicagoer Wirtschaftsliberale Milton Friedman die Idee einer negativen Einkommenssteuer (Friedman 1968). In den 1980er Jahren waren es eher „linke" Theoretiker*innen, die die Idee aufgriffen (z. B. Schmid 1984), die dann auch von einigen Vertreter*innen katholischer Sozialethik unterstützt wurde (Büchele und Wohlgenannt 1985).[1] Aus sozialdemokratischer und gewerkschaftlicher Perspektive wurde sie jedoch auch schon früh kritisiert (Glotz 1986). Bald kam die Idee auch in der CDU und in liberalen Kreisen an: Dieter Althaus, von 2003–2009 Ministerpräsident des Freistaates Thüringen, machte sich unter der Bezeichnung „solidarisches Bürgergeld" ebenso dafür stark (Althaus 2006) wie etwa zur gleichen Zeit der liberale Ökonom Thomas Straubhaar (Straubhaar 2008; vgl. Straubhaar 2017), der Unternehmer Götz Werner (Göhler und Werner 2009), der belgische Philosoph Philippe Van Parijs (Vanderborght und Van Parijs 2005) und die Rosa-Luxemburg-Stiftung (Blaschke 2010). 2016 scheiterte in der Schweiz eine Volksinitiative zur Einführung eines BGE, weil nur etwa 23% der Stimmen dafür waren. Die inzwischen unübersichtlich vielen Vorschläge und Argumente lassen sich unter anderem in Publikationen von Philip Kovce und Daniel Häni (Häni und Kovce 2015; Kovce 2017) oder über die Webseite www.grundein kommen.de des „Netzwerks Grundeinkommen" nachvollziehen. Teilweise sind die Vorschläge mit fast schon messianischen Heilserwartungen aufgeladen, wenn beispielsweise behauptet wird, es diene der Sicherung der Menschenwürde, der Selbstbestimmung und der „Plutokratieabwehr" (Schloen 2019). In einigen Fällen ist die Idee des BGE mit ziemlich illusorischen Vorstellungen über die künftigen wirtschaftlichen Entwicklungen verbunden (so etwa bei Bregman 2017).

---

[1] In den 1990er Jahren trat auch ich für eine solche Idee ein (Kruip 1995), korrigierte meine Position allerdings später, vor allem auf Grund von Einsichten in die Finanzierungs- und Anreizprobleme des bedingungslosen Grundeinkommens. Vgl. Cremer und Kruip 2009; Kruip 2018b; Kruip 2018a. Teilweise greife ich hier inhaltlich und textlich auf die dort veröffentlichten Argumente zurück. Wegen des intensiven Austausches zwischen uns ist nicht überraschend, dass ich teilweise auch ähnlich argumentiere wie Cremer 2019.

Im Folgenden werde ich zunächst genauer eingrenzen, was mit einem „bedingungslosen Grundeinkommen" gemeint ist (1). Danach werde ich sozialethische Gründe für das BGE auflisten, die verständlich machen, warum es für viele so attraktiv erscheint, sie jedoch gleichzeitig relativieren (2). Bevor ich dann zur Finanzierungsproblematik komme (4), müssen einige mathematische Zusammenhänge zum BGE erläutert werden (3). Daran schließt sich ein Überblick über die mit ihm verbundenen sozialethischen Probleme (5) an, bevor ich in (6) abschließend meine Position in wenigen Thesen zusammenfasse.

1 Begriffsklärung und Abgrenzung

Unstrittig ist, dass alle Menschen Anspruch auf ein soziokulturelles Existenzminimum haben, weshalb diejenigen, die kein eigenes Einkommen erwirtschaften können und nicht von Angehörigen versorgt werden, ausreichende Zahlungen vom Staat bzw. aus sozialen Sicherungssystemen erhalten müssen. Dem dienen beispielsweise die „Grundsicherung" für bedürftige Rentner*innen oder das Arbeitslosengeld II (vulgo „Hartz IV") für Arbeitslose. Um die mit den Beantragungsverfahren und der Bedürftigkeitsprüfung verbundenen Schwierigkeiten und Zumutungen abzumildern, wurde auf Betreiben der SPD 2021 die „Grundrente" für Rentenversicherte mit mindestens 33 Beschäftigungsjahren eingeführt. Die „Ampelkoalition" aus SPD, Grüne und FDP will laut Koalitionsvertrag aus ähnlichen Gründen das Arbeitslosengeld II durch ein „Bürgergeld" ablösen und dabei in den ersten beiden Jahren des Bezugs die Anrechnung von Vermögen aussetzen (SPD; Bündnis 90/Die Grünen; FDP 2021, 59–61). Darüber hinaus gibt es Vorschläge, höhere soziale Unterstützungsleistungen für Qualifizierungsmaßnahmen bzw. eine erneute Arbeitsaufnahme auszuzahlen (häufig „aktivierendes" oder auch „solidarisches Grundeinkommen" genannt). In all diesen Fällen erfolgt aber keine Auszahlung in gleicher Höhe an alle ohne zusätzliche Bedingungen. Genau das aber ist die Idee des „bedingungslosen" Grundeinkommens, mit dem ich mich hier befasse und das auch die meisten im Blick haben, die ein „Grundeinkommen" fordern. Manche schlagen auch ein „partielles Grundeinkommen" vor, das aber niedriger läge als das soziokulturelle Existenzminimum und deshalb entweder eine Arbeitsaufnahme oder die Beantragung zusätzlicher Sozialleistungen erforderlich machen würde (so z. B. Sommer 2016). Im Folgenden wird es allein um eine für alle Bürger*innen eines Landes (und die nach bestimmten Kriterien einzuschließenden Menschen mit ausländischer Staatsbürgerschaft) in gleicher Höhe ohne jede Bedingung ausgezahlte monatliche Leistung gehen. Kinder und Jugendliche könnten vor Erreichen des Erwachsenenalters niedrigere

Beträge erhalten. Keine Rolle spielt jedoch die Frage, ob Menschen in einem gemeinsamen Haushalt, einer „Bedarfsgemeinschaft", leben oder nicht.

2 Was macht das BGE so attraktiv?

Im Rahmen dieses Beitrags ist es nicht möglich, die verschiedenen Argumente, die für ein BGE sprechen, genau den unterschiedlichen Positionen und Vorschlägen zuzuordnen. Ich fasse sie hier im Überblick zusammen und kommentiere sie kurz. Die hinter diesen Argumenten steckenden sozialethischen Grundanliegen sind durchaus positiv zu bewerten, jedoch stellt sich die Frage, ob das BGE die erstrebten Ziele wirklich erreicht bzw. welches Gewicht ihnen angesichts von Nachteilen des BGE letzten Endes zukommt.

Entlastung des Arbeitsmarktes: Befürworter*innen des BGE gehen häufig davon aus, dass durch enorme Produktivitätsfortschritte, beispielsweise durch die Möglichkeiten der Digitalisierung, traditionelle Arbeitsplätze in Zukunft ersatzlos wegfallen würden oder der Arbeitsmarkt durch Zuwanderung unter Druck geraten würde. Deshalb sei es zur Entlastung des Arbeitsmarktes nötig, die Zahl der Arbeitssuchenden zu reduzieren, wobei die dadurch arbeitslos werdenden Personen selbstverständlich sozial abgesichert sein müssten. Das BGE könnte zu dieser Absicherung beitragen und zusätzlich dafür sorgen, dass mehr Menschen als bisher darauf verzichten würden, einer Erwerbsarbeit nachzugehen. Alle ernst zu nehmenden Prognosen sprechen jedoch gegen einen solch dramatischen Arbeitsplatzverlust. Sie gehen sogar eher von einem Fachkräftemangel durch die demographiebedingte Abnahme des Erwerbspersonenpotenzials aus, verweisen auf die voraussichtlich hohe Arbeitsnachfrage auf Grund der zur Bekämpfung des Klimawandels notwendigen sozial-ökologischen Transformation und darauf, dass die Bedarfe in den Bereichen Pflege, Gesundheit und Bildung wohl eher zunehmen werden. Die Arbeitsmarktprognose 2030, die im Auftrag der Bundesregierung 2016 erstellt wurde, sieht sowohl in der Digitalisierung als auch in der Zuwanderung eher ein Potenzial für den Erhalt bzw. die Neuentstehung von Arbeitsplätzen, ohne dass der Fachkräftemangel dadurch wirklich behoben werden könnte (Vogler-Ludwig et al. 2016; vgl. Zika et al. 2019). Letzterer könnte durch die Einführung eines BGE sogar noch verschärft werden.

Lösung von Problemen des bisherigen Sozialstaates: Ein zweiter Komplex von Argumenten setzt an den Problemen und Krisen des bislang existierenden Sozialstaats an. Er beruht auf Annahmen, die tatsächlich heute nicht mehr ohne Weiteres gelten, beispielsweise in der Altersversorgung. Die Generationen sind in ihrer Folge zahlenmäßig nicht mehr ungefähr gleich stark, so dass immer weniger Erwerbstätige, die in das System einzahlen, immer mehr Rentner*innen finanzieren müssen. Auch setzt eine auskömmliche soziale Absicherung vor allem im Alter eine „Normalerwerbsbiographie" voraus. Das bisherige System rechnet zu wenig mit brüchigen Lebensläufen, die von einem Mix von Ausbildungszeiten, Zeiten der Arbeitslosigkeit oder Nicht-Erwerbstätigkeit, der Sorge um Kinder oder pflegebedürftige Angehörige und möglicherweise auch längeren Auslandsaufenthalten gekennzeichnet sind. Beklagt wird auch die mit der Auszahlung vieler Sozialleistungen verbundene Bürokratie. Tatsächlich sind die Antrags- und Bewilligungsverfahren durch das Bemühen des Gesetzgebers, möglichst viele Einzelfälle zu berücksichtigen, aber auch wegen vieler, im politischen Geschäft notwendiger, aber nicht immer sachgerechter Kompromisse sehr unübersichtlich und kompliziert geworden. Schließlich werden die Offenlegungspflichten bei Bedürftigkeitsprüfungen und die „Sanktionen" für Hartz-IV-Empfänger*innen, die Mitwirkungspflichten nicht nachkommen, als menschenunwürdig kritisiert. Hier verspricht das BGE auf den ersten Blick eine enorme Vereinfachung, weil in der Tat zumindest einige Sozialleistungen, damit verbundene Antragstellungen und die Prüfung der Bedürftigkeit wegfallen würden. Allerdings ist zu bedenken, dass das BGE nicht alle bisherigen Sozialleistungen wird ersetzen können. Rentenansprüche sind dem Eigentum analog zu behandeln und würden erst nach langen Übergangsfristen auslaufen. Kranken- und Pflegeversicherungen wird es selbstverständlich auch nach Einführung eines BGE weiterhin brauchen. Auch wird das BGE nicht so hoch sein können, dass besondere Bedarfe, beispielsweise von Menschen mit Behinderungen, dadurch voll abgedeckt werden könnten. Angesichts steigender Mieten in Ballungszentren wird es wohl auch so etwas wie ein Wohngeld weiterhin geben müssen. Es gibt auch gute Gründe, das Einkommen von Menschen, die arbeitslos werden, nicht sofort auf ein BGE zu reduzieren, sondern ihnen für eine gewisse Zeit eine höhere, vom früheren Lohn abhängige Versicherungsleistung auszuzahlen. Man wird also nicht auf jegliche Sozialstaatsbürokratie verzichten können. Was Offenlegungspflichten angeht, so ist mit zu bedenken, dass bei Einführung eines BGE jedes selbst verdiente Einkommen deklariert und besteuert werden muss, was ebenfalls mit nicht unerheblichen Offenlegungspflichten verbunden sein wird. Auch werden große Anstrengungen erforderlich sein, um Schwarzarbeit zu bekämpfen.

Höhere Anreize zur Arbeitsaufnahme: Im bisherigen sozialen Sicherungssystem gibt es für Empfänger von Arbeitslosengeld II, die eine Arbeit aufnehmen, eine hohe Transferentzugsrate, weil das Einkommen, das über einen Freibetrag von 100 Euro hinausgeht, zu 80%, ab einem Einkommen von 1000 bis 1200 Euro zu

90% angerechnet wird. Bei einem Erwerbseinkommen von 1300 Euro würde sich der Transferentzug also auf etwa 75% belaufen. Der monetäre Anreiz, tatsächlich einer Erwerbsarbeit nachzugehen, ist deshalb nicht allzu hoch, jedenfalls wenn der Stundenlohn niedrig ist. Die Befürworter des BGE versprechen sich von seiner Einführung höhere Anreize, eine Arbeit aufzunehmen. Wie hoch diese aber letztlich sind, hängt vom Steuersatz ab, mit dem das zusätzlich zum BGE erwirtschaftete Erwerbseinkommen belastet wird. Wie noch zu zeigen sein wird, gibt es hier jedoch ein Dilemma: Entweder ist das BGE so niedrig, dass es sogar unterhalb des heutigen Hartz-IV-Satzes liegt, dann könnte der Steuersatz tatsächlich niedriger liegen, bei höherem BGE jedoch zwischen 70 und 80%, so dass keine deutliche Verbesserung erreicht würde. Eine Absenkung der Transferentzugsrate wäre zudem auch im bisherigen Hartz-IV-System durchaus schon möglich.

Stärkung von Freiheit und Autonomie: Vielen Befürworter*innen des BGE ist offenbar eine vierte Gruppe von Argumenten besonders wichtig. Sie haben damit zu tun, dass das BGE den Zwang, einer Erwerbsarbeit nachgehen zu müssen, minimiert, dadurch die Freiheit der Menschen erhöht, entweder tatsächlich ihre Zeit als Freizeit zu genießen, oder sich ehrenamtlich zu engagieren bzw. sich um ihre Familie bzw. pflegebedürftige Angehörige zu kümmern. Manche sehen im Potential des BGE zu dieser „Dekommodifizierung" der Arbeit sogar eine besondere Anerkennung für solche nicht entlohnten Arbeiten. Ob diese Art der Freiheitserweiterung tatsächlich zustande kommt, hängt freilich von der Höhe des BGE ab. Das bisherige Elterngeld, das ja in Abhängigkeit vom früheren Nettoeinkommen ausbezahlt wird, bei Einführung eines BGE aber wegfallen würde, liegt beispielsweise für viele deutlich über den Summen, die für das BGE normalerweise angesetzt werden. Außerdem ist es fraglich, ob wirklich von einer besonderen Anerkennung solcher Tätigkeiten gesprochen werden kann, da ja das BGE pauschal bedingungslos an alle bezahlt wird, ganz gleich, ob sie nun einer ehrenamtlichen Arbeit, einer Sorgetätigkeit oder eben keiner Arbeit nachgehen. Schließlich sollte daran gedacht werden, dass das BGE auch dazu führen kann, dass mehr Frauen ihre Erwerbsarbeit aufgeben und damit traditionelle Geschlechterrollen durch das BGE wieder stabilisiert würden.

Armutsbekämpfung: Schließlich wird das BGE als eine Maßnahme zur Armutsbekämpfung und damit zur Herstellung von mehr sozialer Gerechtigkeit gesehen. Ob man es in dieser Weise bewerten kann, hängt natürlich ebenfalls von der Höhe ab. Aber auch hier gibt es ein Dilemma: Ist das BGE zu niedrig, leistet es keinen Beitrag zur Armutsbekämpfung, ist es jedoch relativ hoch, verringern sich die Anreize, einer Erwerbsarbeit nachzugehen. Für bestimmte Teile der Bevölkerung könnte das jedoch zu einer geringeren Beteiligung nicht nur am Arbeitsleben, sondern insgesamt an der Gesellschaft bedeuten und einer Selbst-Exklusion gleichkommen. Der Staat stünde auch nicht mehr in der Pflicht, für Vollbeschäftigung zu sorgen und die Vermittlung von Arbeitslosen in Stellen zu unterstützen. Arbeitslose würden nur noch finanziell alimentiert. Bei Jüngeren aus bildungsfernen Milieus könnte mit dem BGE auch eine Gefahr geringerer Bildungsanstrengungen mit langfristig nachteiligen Folgen für gesellschaftliche Beteiligung einhergehen.

Entscheidend für die Bewertung des BGE sind also die Fragen, in welcher Höhe es realisiert werden kann, in welcher Höhe dann eine Besteuerung des selbst verdienten Einkommens notwendig wird und welche Sozialleistungen durch das BGE ersetzt werden. Manche engagierten Befürworter*innen des BGE machen sich darüber leider wenig Gedanken. Ohne auf diese Details einzugehen, ist eine seriöse sozialethische Bewertung jedoch nicht möglich!

3 Zur „Mathematik" des BGE

Es ist unmittelbar einsichtig, dass die Kosten des BGE abhängig sind von seiner Höhe. Zur Gegenfinanzierung können sowohl dadurch wegfallende Sozialleistungen und die Einsparung von Bürokratiekosten herangezogen werden als auch Steuererhöhungen, wobei neben Vermögens- und Erbschaftssteuer vor allem die Einkommenssteuer in Betracht kommt. Entscheidend ist dabei der Steuersatz für das zusätzlich zum BGE erwirtschaftete Erwerbseinkommen. Manche, z. B. Götz oder Schloen, schlagen auch eine Erhöhung der Mehrwertsteuer vor, was aber angesichts der degressiven Wirkung von Verbrauchssteuern wenig sinnvoll ist. Ein Faktor ist kaum realistisch zu prognostizieren, nämlich die Frage, wie sich die Höhe des BGE auf die Arbeitsbereitschaft der Menschen auswirken würde. Denn selbstverständlich ist klar, dass es das BGE nur geben kann, wenn weiterhin genügend Menschen arbeiten, um es durch ihre Wertschöpfung und Steuern zu finanzieren.

Ich versuche zunächst, die Zusammenhänge am Beispiel eines BGE von monatlich 1.000 Euro und einem Steuersatz von 50% zu erläutern. In den Auswirkungen auf den Einzelnen ist dies gleichbedeutend mit einer an alle ausgezahlten negativen Einkommenssteuer von 1.000 Euro bei gleichzeitiger Besteuerung jedes Erwerbseinkommens mit 50% oder der Auszahlung einer Transferleistung in Höhe von 1.000 Euro mit einem Transferentzug von 50% und einer Besteuerung von 50% ab dem Moment, ab dem kein Transfer mehr geleistet wird. Erst ab einem Erwerbseinkommen von 2.000 Euro zahlt eine Person dann also mehr Steuern, als sie als BGE erhält. Im Grunde läuft das auf einen Steuerfreibetrag von 2.000 Euro pro Monat, also 24.000 Euro im Jahr hinaus. Derzeit (2022) beträgt der jährliche „Grundfreibetrag", der nicht besteuert wird, 9.984 Euro. Damit wird auch klar, worin die Finanzierungsprobleme liegen. Bei Einführung eines BGE werden im niedrigen und mittleren Einkommensbereich sehr viel mehr Personen eine Transferzahlung vom Staat erhalten und gleichzeitig weniger Personen eine Einkommenssteuer zahlen, die über das ihnen zuvor ausgezahlte BGE hinausgeht. Deshalb muss der Steuersatz deutlich höher ausfallen als bisher. Derzeit wächst er in einer ersten Progressionszone von 14% auf 24% und danach etwas langsamer bis zur „Reichensteuer" von 45%. Man kann die von einem BGE verursachte Finanzierungslücke verringern, wenn man entweder das BGE reduziert, oder den Steuersatz erhöht. Bei einem BGE von 800 Euro und einem Steuersatz von 50% würden Personen schon ab einem monatlichen Erwerbseinkommen von 1.600 Euro mehr Steuern zahlen als sie als BGE bekommen. Bei einem BGE von 1.000 Euro und einem Steuersatz von 70% läge diese Schwelle bei 1.400 Euro.

Manche Befürworter*innen des BGE behaupten, dass es deshalb kein großes Finanzierungsproblem geben könne, weil ja auch schon bisher bedürftige Menschen eine Transferzahlung etwa in der Höhe des BGE bekämen. Tatsächlich summieren sich in vielen Fällen der „Hartz-IV"-Regelbedarf von derzeit 449 Euro, die Kosten für Unterkunft und Heizung, etwaige Mehrbedarfe und die vom Staat bezahlte Krankenversicherung auf fast 1.000 Euro. Diejenigen, die ein Erwerbseinkommen haben, so das Argument, würden andererseits durch ihre Steuern das BGE gewissermaßen selbst finanzieren, so dass insgesamt durch die Einführung des BGE gar kein Defizit entstünde. Dabei wird aber übersehen, dass auf Grund der wegfallenden Bedürftigkeitsprüfung an sehr viel mehr Menschen eine solche Transferzahlung ausgezahlt werden müsste, während gleichzeitig der Effekt, dass die gezahlten Steuern das BGE ausgleichen, sich erst bei Einkommen ergibt, die sehr viel höher liegen als diejenigen Einkommen, ab denen heute Menschen schon Steuern zahlen. Ein im Sinne des hier vorgetragenen Arguments der Befürworter*innen „aufkommensneutrales" BGE würde ganz erheblich unter der in den Ländern der EU angesetzten Armutsgrenze liegen und deshalb auf keinen Fall einen Beitrag zur Armutsbekämpfung leisten (OECD 2017).

4 Zur Finanzierung des BGE

Bisher sind sehr unterschiedliche Berechnungen zur Finanzierung des BGE vorgelegt worden. Diese Berechnungen sind sehr kompliziert, weil die Ergebnisse von der Höhe des BGE, dem Steuersatz für Erwerbseinkommen und der Frage abhängen, welche Sozialleistungen durch das BGE ersetzt werden können. Mehrere Gutachten zum Althaus-Vorschlag (von Michael Opielka und Wolfgang Strengmann-Kuhn[2] im Auftrag der Konrad-Adenauer-Stiftung, vom Sachverständigenrat für die gesamtwirtschaftliche Entwicklung[3] und von Clemens Fuest et.al.[4], Universität zu Köln) erlauben eine Abschätzung der fiskalischen Belastungen. Ohne auf Details eingehen zu können, kann gesagt werden, dass die genannten Berechnungen einen zusätzlichen Finanzierungsbedarf von etwa 188 bis 227 Mrd. Euro ausweisen. Opielka und Strengmann-Kuhn berechneten damals, dass eine Finanzierung des Althaus-Modells beispielsweise dadurch möglich wäre, dass die Transferentzugsrate für Einkommen unter 1000 Euro 80% (statt der von Althaus vorgeschlagenen 50%) betrüge und der Steuersatz auf Einkommen darüber 35% (statt 25%). Der Transferentzug für die unteren Einkommen läge dann jedoch auf der Höhe des heutigen Transferentzugs bei Sozialleistungen (SGB II). Schwarzarbeit wäre dann äußerst attraktiv, das dargelegte Kontrollproblem würde weiter zunehmen. Auch für Erwerbstätige im mittleren Einkommensbereich wird das Modell bei höheren Steuersätzen weniger attraktiv.

Straubhaar ging bei seinem Vorschlag von 2017 von einem Grundeinkommen von 1.000 Euro aus, aus dem dann auch noch Krankenkassenbeiträge von ca. 200 Euro zu leisten wären, nahm aber an, dass es alle bisherigen Sozialleistungen außer der Krankenversicherung ersetzen könnte. Die verbleibenden 800 Euro monatlich liegen deutlich unter der in Westdeutschland an Männer gezahlten Durchschnittsrente (im Jahr 2014 1061 Euro), unter der Armutsrisikoschwelle (2014 waren das 1056 Euro), ja sogar noch unter dem um die angemessenen Kosten für die Unterkunft erhöhten „Hartz-IV"-Satz. Es handelt sich also keinesfalls um ein komfortables Einkommen. Trotzdem geht Straubhaar davon aus, dass die gesetzlichen Renten, Arbeitslosengeld I und II und das bisher einkommensabhängig gezahlte Elterngeld vollständig ersetzt würden. Dann käme er mit einer Besteuerung aller Einkommen mit 40% aus (Straubhaar 2017, 146). Wie aber schon angedeutet, wird ein solch radikaler Abbau des Sozialstaats nicht möglich sein (vgl. hierzu besonders Cremer 2019). Bergmann ging in seiner Berechnung der Kosten für ein ebenfalls nicht über dem „Hartz-IV"-Niveau liegendes BGE von 750 € für Erwachsene und 400 € für Kinder, zuzüglich der Beiträge zur Krankenversicherung, davon aus, dass es bei einer Besteuerung der Einkommen (inkl. weiterhin zu zahlender Rentenbeiträge) von 66,42% finanzierbar wäre (Bergmann 2014, 194). Schloen rechnet mit einem

---

[2] Opielka und Strengmann-Kuhn 2007, 13–141.
[3] Sachverständigenrat zur Begutachtung der wirtschaftlichen Lage in Deutschland 2007, 233–244.
[4] Fuest et al. 2007, 36–40.

Steuersatz von 54%–59,4%, zieht aber auch Einnahmen aus einer massiven Erhöhung des Erbschaftssteueraufkommens von derzeit knapp 7 Mrd. auf 85 Mrd. Euro/Jahr und 64 Mrd./Jahr aus einer Erhöhung der Umsatzsteuer mit heran (Schloen 2019, 23), die bislang ca. 250 Mrd. Euro/Jahr erbringt (das entspräche einer Erhöhung des Umsatzsteuersatzes auf fast 24%).

Alle diese Berechnungen sind jedoch mit hohen Risiken verbunden. Denn sie gehen meist davon aus, dass die Einführung des BGE nicht zu Verhaltensänderungen führen würde. Immer wieder wird darauf hingewiesen, dass Experimente eines zeitlich befristeten BGE wie etwa in Finnland, wo 2017 und 2018 an 2000 arbeitslose Personen ein Grundeinkommen von 560 Euro/Monat ausgezahlt wurde, nicht zu einem Nachlassen der Arbeitsmotivation geführt und das Wohlbefinden der Empfänger gesteigert hätten. Insgesamt ist das Experiment einem Bericht des an der Auswertung beteiligten *Vatt Institute for Economic Research* aber eher enttäuschend gewesen.[5] Überdies ist es durchaus eine Frage, ob diese Erfahrungen auch auf eine unbefristete Einführung des BGE übertragen werden könnten. Je höher das Grundeinkommen, umso größer ist jedenfalls der Finanzierungsbedarf und umso höher müssen die Steuersätze angesetzt werden. Damit dürfte aber der Effekt verbunden sein, dass die Anreize, tatsächlich einer Erwerbsarbeit nachzugehen, geringer ausfallen dürften, was wiederum die Finanzierungsprobleme erhöhen würde.

Diese Überlegungen führen zu der Erkenntnis, dass ein finanzierbares BGE viele der an es gerichteten Erwartungen nicht erfüllen würde. Die Transferentzugsrate wäre nur geringfügig niedriger als im bisherigen Hartz-IV-System. Eine besondere Unterstützung und Anerkennung von ehrenamtlichem Engagement, eine Honorierung und Ermöglichung von Familienarbeit und eine effektive Armutsbekämpfung wären mit einem noch finanzierbaren, niedrigen Grundeinkommen jedenfalls nicht verbunden.

5 Sozialethische Anfragen

Zweifelsohne hat schon die Finanzierungsproblematik eine sozialethische Relevanz. Auch aus ethischer Sicht sollte ein BGE nur dann eingeführt werden, wenn es verantwortungsvoll finanziert werden kann und die Umstellung nicht mit zu

---

5 So der kurze englische Bericht auf https://vatt.fi/en/-/results-of-the-basic-income-experi ment-small-employment-effects-better-perceived-economic-security-and-mental-wellbeing. Der offizielle Abschlussbericht ist offenbar nur in finnischer Sprache zugänglich: Kangas et al. 2020.

hohen Risiken verbunden ist. Aber selbst darüber hinaus gibt es noch ethische Probleme, die kurz angesprochen werden sollten. Das BGE könnte das Prinzip der Pflicht aller Mitglieder einer als Solidargemeinschaft verstandenen Gesellschaft verletzen, dass jede und jeder nach seinen bzw. ihren Möglichkeiten einen Beitrag zum gesellschaftlichen Arbeitsergebnis zu leisten hat. Würde eine Verletzung dieses Reziprozitätsprinzips, das zu den Grundlagen gesellschaftlichen Zusammenlebens gehört, wirklich Akzeptanz finden? Gesellschaften sind Veranstaltungen der Kooperation zum gegenseitigen Vorteil. Hier gelten zunächst Prinzipien der Tauschgerechtigkeit. Sie können nicht funktionieren, wenn Menschen diese Vorteile in Anspruch nehmen, ohne zu kooperieren, es sei denn, sie sind dazu nicht in der Lage. Dann greifen Prinzipien der Bedarfsgerechtigkeit, aber eben nur für diejenigen, die tatsächlich bedürftig sind. Eigentlich verlangt ein Grundeinkommen ein weit über das bisherige hinausgehendes hohes Maß an Solidarität unter den Mitgliedern einer Gesellschaft, gleichzeitig gibt es für diejenigen, die sich dieser Solidarität entziehen, keine Sanktion. Es ist noch überhaupt nicht absehbar, wie Gesellschaften auf so eine, eigentlich in sich widersprüchliche, doppelte Botschaft reagieren würden.

Während sich in dieser Hinsicht vor allem diejenigen benachteiligt fühlen könnten, die durch ihre Arbeit und Steuern die anderen mitfinanzieren, die nicht nur nicht arbeiten können, sondern gar nicht wollen, könnte das BGE in anderer Hinsicht dazu führen, dass bestimmte Gruppen der Gesellschaft bei gleichzeitiger (minimaler) Alimentierung und verbunden mit der Gefahr fehlender Anreize für Bildung und Berufsausbildung faktisch aus der Arbeitswelt und damit großen Bereichen gesellschaftlichen Lebens, in denen Menschen soziale Anerkennung und Wertschätzung erfahren, ausgeschlossen werden. Dies würde das Prinzip der Beteiligungsgerechtigkeit verletzen, das nicht zuletzt durch die Arbeiten von Amartya Sen und Martha Nussbaum inzwischen hohe Anerkennung genießt und eine Ausrichtung sozialer Sicherung auf Befähigung und Beteiligung notwendig macht (vgl. Cremer 2021). Nicht umsonst empfinden Arbeitslose und manchmal auch Ruheständler eine Leere im Leben, fühlen sich unnütz und ausgegrenzt. Arbeitslose sind signifikant häufiger krank, haben eine geringere Lebenserwartung und engagieren sich übrigens auch seltener ehrenamtlich. Der Kampf um die Emanzipation der Frau war nicht umsonst immer eng mit der Forderung nach ihrem Zugang zur Erwerbsarbeit verbunden. Die Integration von Zuwanderern gelingt am besten am Arbeitsplatz. Bildungsanstrengungen werden unternommen, weil Menschen einen bestimmten Beruf anstreben und wirtschaftlich eigenständig sein wollen. Natürlich ist es eine offene Frage, ob es eine anthropologische Konstante ist, dass der Mensch die Beteiligung an gesellschaftlich anerkannter Arbeit brauche. Auf jeden Fall aber ist es hoch problematisch, wenn Jugendlichen und jungen Erwachsenen signalisiert wird, sie brauchten nie im Leben zu arbeiten und deshalb auch keinen Beruf zu erlernen. Und wenn das Grundeinkommen dazu führte, diejenigen Menschen, die eigentlich arbeiten wollten und könnten, aber keine Arbeitsstellen finden, einfach nur irgendwie abzuspeisen, ohne noch Anstrengungen zu unternehmen, sie in den Arbeitsmarkt zu integrieren, dann handelte es sich nicht um ein humanes Projekt, sondern um eine hochgradig diskriminierende Maßnahme der Ruhigstellung derer, die nicht mehr gebraucht werden.

6 Abschließende Thesen

Die Entscheidung über die Einführung eines bedingungslosen Grundeinkommens ist ein kompliziertes Abwägungsproblem zwischen einer Reihe von Vor- und Nachteilen, die nur teilweise sicher abgeschätzt werden können. Bei genauerer Betrachtung, v. a. bei der Berücksichtigung der zur Finanzierung notwendigen Korrekturen des Grundmodells, verliert der Vorschlag eines bedingungslosen Grundeinkommens viel von seinem Charme. Es ist entweder nicht finanzierbar oder kann die an es gerichteten Erwartungen nicht erfüllen. Darüber hinaus tangiert insbesondere seine Bedingungslosigkeit verbreitete Gerechtigkeitsvorstellungen (moralische Pflicht zur Arbeit für die, die arbeiten können) und birgt Risiken der Beteiligungsgerechtigkeit (Ausschlussgefahr, fehlende Anreize zur Qualifizierung). Eine intelligente Weiterentwicklung und vorsichtige Korrektur bestehender Sicherungssysteme birgt deshalb geringere Risiken, bietet aber ähnliche Vorteile.

Literaturverzeichnis

Althaus, Dieter. 2006. „Für ein solidarisches Bürgergeld." *Stimmen der Zeit* 131 (11): 723–728.
Bergmann, Stefan. 2014. *In zehn Stufen zum BGE. Über die Finanzierbarkeit und Realisierbarkeit eines bedingungslosen Grundeinkommens in Deutschland*. Norderstedt: Books on Demand.
Blaschke, Ronald, Hg. 2010. *Grundeinkommen. Geschichte – Modelle – Debatten*. Texte / Rosa-Luxemburg-Stiftung 67. Berlin: Dietz.
Bregman, Rutger. 2017. *Utopien für Realisten. Die Zeit ist reif für die 15-Stunden-Woche, offene Grenzen und das bedingungslose Grundeinkommen*. Reinbek bei Hamburg: Rowohlt.
Büchele, Herwig und Lieselotte Wohlgenannt. 1985. *Grundeinkommen ohne Arbeit*. Wien: Europa-Verlag.

Cremer, Georg und Gerhard Kruip. 2009. „Reich der Freiheit oder Hartz IV für alle? Sozialethische und ökonomische Überlegungen zum bedingungslosen Grundeinkommen." *Stimmen der Zeit* 227 (6): 415–425.

Cremer, Georg. 2019. „Für ein Bedingungsloses Grundeinkommen den Sozialstaat aufgeben?" *ORDO* 70 (1): 215–238.

Cremer, Georg. 2021. *Sozial ist, was stark macht. Warum Deutschland eine Politik der Befähigung braucht und was sie leistet.* Freiburg: Herder.

Friedman, Milton. 1968. "The case for the negative income tax." In *Republican Papers*, hg. v. Melvin Laird, 202–220. New York: Praeger.

Fuest, Clemens, Andreas Peichl und Thilo Schäfer. 2007. „Beschäftigungs- und Finanzierungswirkungen des Bürgergeldkonzepts von Dieter Althaus." *ifo Schnelldienst* 60 (10): 36–40.

Glotz, Peter. 1986. „Freiwillige Arbeitslosigkeit? Zur neueren Diskussion um das ‚garantierte Grundeinkommen'." *Gewerkschaftliche Monatshefte* 37 (3): 180–192.

Göhler, Adrienne und Götz Werner. 2009. *Freiheit, Gleichheit, Grundeinkommen. Von der Arbeits- zur Kulturgesellschaft.* Köln: Kiepenheuer & Witsch.

Häni, Daniel und Philip Kovce. 2015. *Was fehlt, wenn alles da ist? Warum das bedingungslose Grundeinkommen die richtigen Fragen stellt.* Zürich: Orell Füssli Verlag.

Kangas, Olli, Signe Jauhiainen, Miska Simanainen und Minna Ylikännö, Hg. 2020. *Suomen perustulokokeilun arviointi.* Helsinki: Sosiaali- ja terveysministeriö.

Kovce, Philip, Hg. 2017. *Soziale Zukunft. Das bedingungslose Grundeinkommen. Die Debatte.* Stuttgart: Verlag Freies Geistesleben.

Kruip, Gerhard. 1995. „Grundeinkommen für alle. Ein Beitrag zur Bewältigung der Krise des Sozialstaats?" *Arbeiterfragen* 1: 3–33.

Kruip, Gerhard. 2018a. „Ein falsches Signal. [Das bedingungslose Grundeinkommen – contra]." *Politikum* 4 (2): 65–68.

Kruip, Gerhard. 2018b. „Realistische Möglichkeit oder schöner Traum? Das bedingungslose Grundeinkommen." *Herder Korrespondenz* 72 (5): 32–35.

OECD. 2017. *Basic income as a policy option: Can it add up? Policy brief on the future of work.* OECD Publishing. Paris. https://www.oecd.org/els/emp/Basic-Income-Policy-Option-2017.pdf (Zugriff v. 21.06.2022).

Opielka, Michael und Wolfgang Strengmann-Kuhn. 2007. *Das Solidarische Bürgergeld. Finanz- und sozialpolitische Analyse eines Reformkonzepts.* Königswinter: KAS.

Sachverständigenrat zur Begutachtung der wirtschaftlichen Lage in Deutschland. 2007. *Jahresgutachten 2007/2008.* Wiesbaden: Bonifatius.

Schloen, Brüne. 2019. *Grundeinkommen und Menschenwürde. Ein Weckruf für mehr Selbstbestimmung, Solidarität und Plutokratieabwehr.* Wiesbaden: Springer Fachmedien.

Schmid, Thomas, Hg. 1984. *Befreiung von falscher Arbeit. Thesen zum garantierten Mindesteinkommen.* Erw. Neuaufl. Berlin: Klaus Wagenbach.

Sommer, Maximilian. 2016. *A feasible basic income scheme for Germany. Effects on labor supply, poverty, and income inequality.* Cham: Springer (Contributions to economics).

SPD, Bündnis 90/Die Grünen, FDP. 2021. *Mehr Fortschritt wagen. Bündnis für Freiheit, Gerechtigkeit und Nachhaltigkeit. Koalitionsvertrag 2021–2025.* Berlin: Schloemer und Partner.

Straubhaar, Thomas, Hg. 2008. *Bedingungsloses Grundeinkommen und Solidarisches Bürgergeld – mehr als sozialutopische Konzepte.* Hamburg: Hamburg University Press.

Straubhaar, Thomas. 2017. *Radikal gerecht. Wie das bedingungslose Grundeinkommen den Sozialstaat revolutioniert.* Hamburg/Ann Arbor/Michigan: edition Körber-Stiftung/ProQuest.

Vanderborght, Yannick und Philippe Van Parijs. 2005. *Ein Grundeinkommen für alle? Geschichte und Zukunft eines radikalen Vorschlags.* Frankfurt am Main/New York: Campus.

Vogler-Ludwig, Kurt, Nicola Düll und Ben Kriechel. 2016. *Arbeitsmarkt 2030: Wirtschaft und Arbeitsmarkt im digitalen Zeitalter. Analyse der zukünftigen Arbeitskräftenachfrage und des -angebots in Deutschland auf Basis eines Rechenmodells. Kurzfassung.* München: Economix Research and Consulting. https://www.bmas.de/SharedDocs/Downloads/DE/Meldungen/2016/arbeitsmarktprognose-2030.pdf?_blob=publicationFile&v=1 (Zugriff v. 21.06.2022).

Zika, Gerd, Christian Schneemann, Anett Grossman, Michael Kalinowski, Tobias Maier und Anke Mönnig. 2019. *BMAS-Prognose „Digitalisierte Arbeitswelt". Aktualisierte Fassung vom 11.06.2019.* Nürnberg: IAB (IAB-Forschungsbericht, 5/2019).

Anna Noweck
Sozialethische Sondierungen zum bedingungslosen Grundeinkommen ausgehend vom Konzept der Beteiligungsgerechtigkeit

1 Bedingungsloses Grundeinkommen – Yeah!

Eine Gesellschaft, in der jeder nicht einen ausschließlichen Kreis der Tätigkeit hat, sondern sich in jedem beliebigen Tätigkeitsfeld ausbilden kann, der Staat die allgemeine Existenzsicherung regelt und mir eben dadurch möglich macht, heute dies, morgen jenes zu tun, morgens zu programmieren, nachmittags zu kochen, abends einen kleinen Song aufzunehmen, nach dem Essen zu kritisieren, wie ich gerade Lust habe, ohne je Softwareentwicklerin, Köchin, Songwriterin oder Kritikerin zu werden. – Vielleicht, so möchte ich fragen, ist das eine ganz gute Beschreibung des Idealbildes, das wir mit der Idee des bedingungslosen Grundeinkommens verbinden? Entliehen ist diese Formulierung der Beschreibung der kommunistischen Gesellschaft von Karl Marx in der *Deutschen Ideologie* von 1846, – einer Gesellschaft, in der

> [j]eder nicht einen ausschließlichen Kreis der Tätigkeit hat, sondern sich in jedem beliebigen Zweige ausbilden kann, die Gesellschaft die allgemeine Produktion regelt und mir eben dadurch möglich macht, heute dies, morgen jenes zu tun, morgens zu jagen, nachmittags zu fischen, abends Viehzucht zu treiben, nach dem Essen zu kritisieren, wie ich gerade Lust habe, ohne je Jäger, Fischer, Hirt oder Kritiker zu werden. (Marx [1846] 1969, 33)

So wie Karl Marx heute bei meinen Studierenden in der Sozialen Arbeit ungebrochen gehypt wird, genauso branden immer wieder Wellen der Faszination von der Idee des bedingungslosen Grundeinkommens im öffentlichen Diskurs auf. Warum? Was macht die Idee so attraktiv? Sie subsumiert und evoziert so vieles: die Freisetzung von jedweder von außen auferlegten Arbeit durch Entkopplung von Erwerbsarbeit und Existenzsicherung, gedacht entweder als Ermöglichung totaler Freiheit (ich möchte die Surfer von Malibu gar nicht bemühen), als das Ende jeder Abhängigkeit (im Kontext der Erwerbsarbeit und im Kontext interfamiliärer Abhängigkeitsverhältnisse), als Impuls zur Aufnahme anderer wichtiger individueller wie gesellschaftlicher Aufgaben in Politik, Gemeinwesen und Care, damit verbunden als Verwirklichung von Geschlechtergerechtigkeit, zudem als Lösung der Problematik globaler Fürsorgeketten – und letztlich, wie es mir in meinem eigenen familiären Diskurs in den Mund gelegt wurde: als Ermöglichung des Glücklichseins.

Bei dieser schieren Überfrachtung bleibt zu fragen, was das bedingungslose Grundeinkommen angesichts dieses Wunschzettels vermag. Ohne den Anspruch, diese Frage abschließend behandeln zu können, beleuchte ich das bedingungslose Grundeinkommen ausschnitthaft aus der Perspektive der Beteiligungsgerechtigkeit. Dazu werde ich im Folgenden das Konzept der Beteiligungsgerechtigkeit vorstellen (2), die verschiedenen Facetten der Beteiligung an, in und durch Erwerbsarbeit herausarbeiten (3), um daran die Idee des bedingungslosen Grundeinkommens zu spiegeln (4). Zumindest anreißen möchte ich abschließend auch Fragen der Beteiligung an Care im Kontext des BGE (5).

2 Das Konzept der Beteiligungsgerechtigkeit

Begriff und Konzept der Beteiligungsgerechtigkeit fußen grundlegend auf der anthropologischen Vorannahme, dass der Mensch ein soziales Wesen ist, das als solches auf Beteiligung verwiesen und daraufhin ausgelegt ist. So formuliert Anzenbacher: „Nur in *Partizipation* am sozialen Interaktionsgeschehen vermag der Mensch seine Bestimmung als Person zu verwirklichen." (Anzenbacher 1997, 184, Hervorhebung im Original) Individuelle Freiheit zur Entfaltung der eigenen Potentiale, zur Führung und Verantwortung des eigenen Lebensentwurfs wird insofern immer mit der Sozialität, der sozialen Bezogenheit des Menschen als Counterpart und notwendiger Ergänzung zusammengedacht. Freiheit vollzieht sich immer im Zusammenspiel und Austausch mit anderen Menschen, so dass Beteiligung eine Grundkomponente menschlichen Seins darstellt.

Im Kontext des Gerechtigkeitsdiskurses der christlichen Sozialethik taucht die Idee der Verbindung von Beteiligung und Gerechtigkeit bereits in der Enzyklika *Mater et magistra* von Johannes XXIII. auf, vor allem aber wird der Wirtschaftshirtenbrief der US-Amerikanischen Bischöfe *Justice for all* von 1987 als zentrale Quelle herangezogen. Der Text benennt das gleiche Recht jeder Person, teilzuhaben und teilzunehmen an öffentlichen Gütern, wozu materielle wie immaterielle Güter und Leistungen gehören. Der katholische Sozialethiker Alexander Filipović hat diese Idee weiter geschärft und versteht Beteiligungsgerechtigkeit als neue Fassung sozialer Gerechtigkeit, insofern die Beteiligung an gesellschaftlichen Teilprozessen ausschlaggebend für ein Leben in Würde ist (Filipović 2007, 216–229).

In der Zusammenschau mit dem *Capabilities Approach* nach Martha Nussbaum kann die Bedeutung der Beteiligung für ein gelingendes Leben unterstrichen werden, denn Beteiligungsaspekte finden sich nicht nur in vier der zehn

Capabilities auf der Liste – *Emotions, Affiliation, Other Species* und *Control over one's environment*. Vielmehr durchzieht Beteiligung in der Konzeption der *Affiliation* als architektonischer Befähigung durchgängig jedwede Lebensäußerung; letztlich ist sie bei Nussbaum schon im Verständnis des Menschen selbst als Ausgangspunkt ihres Gerechtigkeitsentwurfs angelegt (Noweck 2013, 139–159).

Im Blick auf den Begriff der Beteiligung nun können die Facetten des Teilnehmens – der Partizipation – und des Teilgebens – der Kontribution – unterschieden werden (Filipović 2008, 176–182). Einerseits geht es bei ersterem darum, dass das Ganze, die Gesellschaft sich auf die Einzelnen hin öffnet und Möglichkeiten der Beteiligung eröffnet, Strukturen schafft, die der oder dem Einzelnen die verantwortliche Teilnahme an den Teilbereichen des gesellschaftlichen Lebens erlauben und diese auch dazu – und das ist entscheidend – befähigt, an diesen Anschlussstellen anzudocken. Andererseits stellt die Kontribution das tatsächliche Teilgeben des oder der Einzelnen an das Ganze in den Fokus. Teilhaben und Teilgeben sind als zwei Bewegungsrichtungen zu denken, wobei allerdings die Pflicht zur Beteiligung durch den oder die Einzelne durchaus kontrovers diskutiert wird (Winkler 2007, 65; Filipović 2008, 80–81; Noweck 2013, 129–131). In jedem Fall aber wird das „*Recht* auf Teilnahme und Kontribution" von Filipović als „notwendig für umfassende gesellschaftliche Beteiligung" (Filipović 2007, 224, Hervorhebung im Original) verstanden, bei Nussbaum werden aus den *Capabilities* menschenrechtliche Ansprüche abgeleitet (Nussbaum 2010, 390–399). Demgegenüber steht die Pflicht aller anderen Gesellschaftsmitglieder – letztlich in Form des Staates –, die Beteiligungsmöglichkeiten dafür zu gewährleisten.

In der Zusammenschau mit den Sozialprinzipien Personalität, Solidarität, Subsidiarität und Nachhaltigkeit als „Baugesetzlichkeiten" (Baumgartner und Korff 1998, 405) einer als gerecht konzipierten Gesellschaft meint Beteiligungsgerechtigkeit erstens, dass der Mensch als Freiheits- und Sozialwesen im Mittelpunkt steht. D. h. der/die Einzelne muss sich in Freiheit und (Eigen-)Verantwortung beteiligen können – die gesellschaftlichen Institutionen und Strukturen sind auf diese Beteiligung hin auszurichten. Beteiligungsgerechtigkeit meint zweitens, dass bei defizitärer Umsetzung eines gelingenden Lebens – zu dem eben die Beteiligung an gesellschaftlichen Teilbereichen wie dargelegt dazugehört – alle anderen, d. h. die Gemeinschaft dem oder der zur Hilfe kommt, die sie benötigt. Diese solidarische Unterstützung fokussiert im Sinn der „Option für die Armen" prioritär die, die nicht beteiligt, d. h. ausgeschlossen von gesellschaftlichen Teilbereichen sind. Drittens meint Subsidiarität im Blick auf Beteiligungsgerechtigkeit, dass die im Kern liegende Eigenverantwortung der jeweils kleineren Einheit sich frei entfalten kann und ihr erst in dem Moment Hilfestellung von der nächstgrößeren Einheit zukommt, in dem sie dieser externen Unterstützung bedarf. Beteiligung geht also zunächst von der Freiheit des/der Einzelnen in Eigenverantwortung aus, während

Unterstützung von außen punktuell und zeitlich begrenzt bis zum sogenannten subsidiären Rückzug als Hilfe zur Selbsthilfe verstanden wird. Schließlich und viertens lässt sich Nachhaltigkeit dahingehend auslegen, dass Beteiligungsprozesse sich gleichermaßen nachhaltig auf ökologische Zusammenhänge sowie wirtschaftliche und soziale Entwicklungen auswirken müssen. Beteiligung ist immer in der Wechselwirkung der Vernetztheit im Ganzen – räumlich (global) wie zeitlich (intergenerationell) – zu betrachten. (Dazu insgesamt Noweck 2013, 131–135)

Kann das Konzept der Beteiligungsgerechtigkeit damit in seinen Grundzügen umrissen werden, ist für das Thema des bedingungslosen Grundeinkommens nun weiter zu fragen, bezüglich welcher gesellschaftlichen Teilbereiche Beteiligung fokussiert werden soll. Ich werde mich im Rahmen dieses Beitrags auf den Bereich der Erwerbsarbeit konzentrieren.

3 Beteiligung an, in und durch Erwerbsarbeit

Ohne hier auf begriffliche Unterscheidung im Detail einzugehen, geht es mir im Folgenden um Arbeit im Sinn einer bezahlten, (ob gelernt oder ungelernt) beruflichen Tätigkeit, einer Erwerbstätigkeit, die wir gemeinhin eben als „Arbeit" bezeichnen. Diese hat (zumindest bisher) die zentrale Funktion der Existenzsicherung. Sie soll den Erwerb von finanziellen Ressourcen gewährleisten. Ideal gedacht trägt Arbeit nicht nur zur Selbsterhaltung, sondern auch zur Selbstverwirklichung bei (Müller 2019). Auch wenn dies nicht für alle bestehenden Arbeitsverhältnisse (wahrscheinlich eher für die wenigsten) ausgesagt werden kann, ist die Idee der Arbeit durchaus normativ damit verbunden. Denn quasi komplementär zur Arbeitsverachtung, wie wir sie etwa in der Antike kennen, entwickelt sich mit der entstehenden Bürger- und Arbeitsgesellschaft eine hohe moralische Aufladung von beruflicher Tätigkeit, die so weit reicht, dass Arbeit mit Lebenssinn gleichgesetzt wird, Leben ohne Arbeit sinnlos erscheint (Große Kracht 2010, 186–193). Hier ist einerseits mitzunehmen, dass Arbeit als sinnhaft verstanden werden will. Ich sage dies aus der Position der Ethik, die angesichts bedingter Realitäten fragt, was sein soll, d. h. wohin wir Gesellschaft entwickeln sollten. Ich anerkenne durchaus gesellschaftliche wie globale Missstände, bleibe aber dennoch gehalten vom Anspruch, Berufsarbeit als Teil sinnvoller Lebensgestaltung zu verstehen. Andererseits ist Arbeit – in bester biblischer Tradition – durchaus immer an Ausgleich, an Muße, an den Sabbat rückzubinden, man könnte sagen, zu zähmen (Preuß 1977, 616).

Arbeit ist umso mehr Teil einer sinnvollen Lebensgestaltung als sie weitreichende Effekte auf die soziale Integration zeitigt, denn Arbeit an sich meint schon gemeinsames Tun in solidarischem Zusammenschluss zu einem gemeinsamen Ergebnis, sie bindet ein (etwa in gewerkschaftliche Zusammenschlüsse) und sie weist einen Platz im gesellschaftlichen Gefüge zu (Emunds 2019). Arbeit vermittelt also auch eine gesellschaftliche Macht- und Statusposition. Durch die Beteiligung an Arbeit wird die Beteiligung an weiteren gesellschaftlichen Teilbereichen (der „Öffentlichkeit") gesteigert, etwa der politischen Beteiligung oder der Wahrnehmung von ehrenamtlichen Tätigkeiten. Hier sehen wir, dass Beteiligung an Arbeit zu einer Beteiligung an weiteren gesellschaftlichen Feldern führt, sie besitzt also eine Beteiligungsdynamik.

Gerade weil die individuellen sowie die gesamtgesellschaftlichen Effekte von Arbeit so bedeutsam sind – und meines Erachtens auch derzeit nicht obsolet werden –, ist zu fragen, was eine sozial gerechte, damit im Konzept der Beteiligungsgerechtigkeit beteiligungsgerechte und damit letztlich menschenwürdige Arbeit ausmacht.

Arbeit ist in sich Beteiligung, trägt eine Beteiligungsdynamik in sich und wirkt zentral auf Beteiligung. Grundsätzlich muss dem Personalitätsprinzip folgend die Möglichkeit der Beteiligung *an* Arbeit eröffnet werden, und zwar für jede und jeden. Diese Forderung ist höchst voraussetzungsreich, da sie weitreichende Vorbedingungen an Bildung stellt, die nicht nur am Beginn, sondern die Arbeitskarriere kontinuierlich begleitend nötig ist, um Anschlussfähigkeit im ökonomischen Bereich herzustellen. Zugleich hebt das Personalitätsprinzip auf menschenwürdige und damit auch beteiligungsorientierte Strukturen von Arbeit ab und verlangt Bedingungen *in* der Arbeit, die Ausgestaltung und ggf. Umgestaltung von Arbeitskontexten, die jeder und jedem unabhängig von etwaigen physischen, psychischen oder weiteren, etwa familiär gebundenen Dispositionen die Beteiligung an Arbeit eröffnen.

Die Brille der Beteiligungsgerechtigkeit schärft unseren Blick für Situationen, in denen sich Menschen nicht sinnvoll an Arbeit beteiligen können oder von Arbeit ausgeschlossen sind, mithin für Krisen wie Arbeitslosigkeit oder Arbeitsunfähigkeit, aber auch strukturelle Exklusionen durch defizitäre Anerkennung von ausländischen Bildungsabschlüssen oder die Behinderung später Karrieren. Gemäß der Option für die Armen, die in diesem Fall die nicht an Arbeit Beteiligten ausmachen, kommt genau diesen die Unterstützung der Solidargemeinschaft zu. Diese drückt sich im Sicherungssystem bei Krankheit, Arbeitslosigkeit, Invalidität und Alter aus, das diese Unterstützung strukturell einfasst, fordert aber auch zugleich, wie die oben genannten Beispiele zeigen, immer wieder die Weiterentwicklung der strukturellen Ermöglichung von Arbeit.

Diese Unterstützung nun orientiert sich subsidiär immer im Kern an der Eigenverantwortung des und der Einzelnen bezüglich der Beteiligung an Arbeit. Die Hilfestellung greift erst dann und vor allem auch nur dann, wenn diese zur

Selbsthilfe zur Beteiligung an der Arbeit nötig wird. Dieser Mechanismus beugt auch einer Überlastung der jeweils größeren Einheit vor.

Das Nachhaltigkeitsprinzip schließlich verlangt, Beteiligung an Arbeit in der Zusammenschau mit ökologischen, ökonomischen und sozialen Zusammenhängen zu betrachten. Diese sind angesichts einer längst global agierenden Weltwirtschaft immer auch in diesem Rahmen zu sehen. Bedeutsam scheinen mir prima facie die integrativen Effekte in das soziale Leben, die sich durch Arbeit einstellen und förderungswürdig sind. Gleichzeitig ist aber in intergenerationeller Rücksicht auch das Sicherungssystem in seiner Verlässlichkeit gerade für die nicht mehr arbeitende Generation bezüglich von Renten ebenso zu bedenken wie die Vermeidung der Verschuldung der kommenden Generationen.

4 Das bedingungslose Grundeinkommen als Medium der Beteiligung an, in und durch Arbeit

Wir treffen also auf vielfältige Ansprüche, die durchaus nicht neu sind, derzeit zum Teil mehr schlecht als recht umgesetzt. Ist nun das bedingungslose Grundeinkommen das Mittel der Wahl, um all diese Anforderungen zu erfüllen?

Vorab möchte ich festhalten, dass ich hier davon ausgehe, dass das bedingungslose Grundeinkommen auf der Erwerbsarbeit aufbaut. Es geht in meiner Wahrnehmung mitnichten darum, *nicht* zu arbeiten. Gerade auch die Finanzierbarkeit des bedingungslosen Grundeinkommens ist maßgeblich daran gebunden, dass Menschen Steuern zahlen, was ihre Erwerbstätigkeit impliziert (Kruip 2018, 33–34; Roth 2019).

Das bedingungslose Grundeinkommen will Menschen freisetzen, um selbstbestimmt sinnhaft zu arbeiten, statt unter dem Zwangsregime einer auferlegten, gemeinhin negativ konnotierten Erwerbsarbeit zu stehen (Straubhaar 2018, 11–12). Dabei wird die Möglichkeit im Sinn einer Optionalität von Arbeit stark betont, denn das BGE ermöglicht, phasenweise oder komplett verschiedener Arbeit oder auch keiner nachzugehen. Was aber nicht in den Blick rückt, sind die Möglichkeiten im Sinn der Voraussetzungen, der Befähigung zur Arbeit. Weil die Beteiligung an Arbeit voraussetzungsreich ist, müsste das bedingungslose Grundeinkommen also mit einer Bildungsoffensive (im Sinn eines Förderns) zum Ziel des lebenslangen Lernens verbunden werden. Dies ist umso notwendiger, wenn Menschen entscheiden, über bestimmte Phasen aus ihrem bisherigen Berufsfeld auszusteigen und Nachqualifizierungen oder Umschulungen benötigen.

Dies erscheint mir umso wichtiger, da es auch nicht zwangsläufig ist, dass das bedingungslose Grundeinkommen unbedingt zur Arbeit freisetzt. Es könnte auch zu einem hemmungslosen Konsumhedonismus (im Rahmen der Höhe des BGE) in abgeschotteten Privathaushalten führen (Baier/Biesecker/Gottschlich 2016, 72). In der Diskussion um das bedingungslose Grundeinkommen wird stark für das Vertrauen in die Fähigkeiten von Menschen und ihren Drang zu selbstbestimmter Tätigkeit geworben. Das wertet eine selbstbestimmte Lebensführung in Freiheit, Eigenverantwortung und auch die Idee von Arbeit als sinnhafte Tätigkeit hoch – zu Recht. Aber auch diese Befähigung zur selbstbestimmten Lebensführung ist eben voraussetzungsreich, gerade was Bildung anbelangt. Auf der anderen Seite ist die Gefahr einer sozialen Spaltung erhöht.

Das bedingungslose Grundeinkommen zeichnet derzeitige Arbeitsbedingungen als negativ und erwartet, dass sich Arbeitsbedingungen automatisch verändern, wenn keiner mehr gezwungen ist, Arbeit anzunehmen (Mein Grundeinkommen e.V. 2022). Dass sich Arbeitsbedingungen – vor allem prekäre – im Blick auf die Beteiligung *in* der Arbeit verändern, ist selbstredend wünschenswert. Dies setzt aber angesichts einer Wirtschaft, die sich nicht an Nationalstaatsgrenzen hält, wiederum voraus, dass Arbeit dann nicht woanders gerne billiger übernommen wird. Das bedingungslose Grundeinkommen ist stark an nationalstaatliche Settings gebunden. Wo das Thema Migration mitbedacht wird, braucht es erneut eine voraussetzungsreiche Einbindung des bedingungslosen Grundeinkommens an sich.

Verschiedene Modelle des bedingungslosen Grundeinkommens fassen bisherige Transferleistungen zusammen und teilen die freiwerdenden Gelder an alle gleichermaßen aus (Roth 2019). Zum ersten Teil: Die Intransparenz und Hochschwelligkeit von Sozialleistungen ist bekannt, der Ruf nach einem Paradigmenwechsel zum Case-Management in der Sozialen Arbeit auch nicht neu. So verfügt die Idee der schlanken Verwaltung staatlicher Zuwendungen durchaus über Attraktivität. Zum zweiten Teil: Um die Finanzierbarkeit des bedingungslosen Grundeinkommens zu gewährleisten, braucht es dessen umfassende Einbettung in ein verändertes Steuersystem (Roth 2019), was an sich keine absurde Idee darstellen würde, festzuhalten bleibt jedoch: Das bedingungslose Grundeinkommen *allein* verändert noch nichts.

Viel wichtiger erscheint mir aber in Bezug auf Beteiligungsgerechtigkeit, dass die Umverteilung im Konzept des bedingungslosen Grundeinkommens geschwächt wird, das Gießkannenprinzip die zielgenaue Zuwendung zu vulnerablen Gruppen ersetzt. Von einem bedingungslosen Grundeinkommen profitieren nicht nur die, die es brauchen, sondern alle und vor allem die, die es nicht brauchen (und insbesondere im Auszahlungsmodus einer negativen Einkommenssteuer gar nicht „bemerken"). Damit werden Mittel gebunden, die doch an anderer Stelle in zentrale strukturelle Vorbedingungen investiert werden könnten. Zudem ist zu bedenken, dass der Rückhalt in der Solidargemeinschaft, die die Gesellschaft hier ja darstellt, bestehen muss. Das solidarische Prinzip beruht darauf, dass die, die können (sprich beteiligt an Arbeit und insofern leistungsfähig im Blick auf die Belastung durch Steuern und Abgaben sind), geben und Schwache bekommen. Genau diese Umverteilung verschwindet aber durch das bedingungslose Grundeinkommen (Kruip 2018, 33–34).

Das bedingungslose Grundeinkommen setzt die Eigenverantwortung hoch an, es sieht den Menschen als ein in Freiheit tätiges Wesen. Diese Perspektive entspricht der vorgestellten Idee von Beteiligungsgerechtigkeit. Die punktuelle Hilfe zur Selbsthilfe gemäß dem Subsidiaritätsprinzip aber wird vernachlässigt. Menschen werden weder gefordert noch gefördert, sondern von vornherein alimentiert durch die staatliche Existenzsicherung in Form des bedingungslosen Grundeinkommens. „Sie werden in Ruhe, aber auch im Stich gelassen", wie Matthias Möhring-Hesse (2020) ausführt. Während zunächst alle gut ausgestattet werden (obwohl sie es vielleicht gar nicht bräuchten), fehlt im Moment des Hilfebedarfs die Unterstützung, etwa um wieder in oder in neue Arbeitsverhältnisse zu kommen, um etwa besondere Arbeitskontexte für Menschen mit Einschränkungen auszustatten. Die Verantwortung in Krisenfällen, aber auch der Umgang mit besonderen Bedarfen wird auf den oder die Einzelne abgewälzt. Die Gefahr besteht, dass damit Gruppen von (vulnerablen) Menschen, die sich prinzipiell an Arbeit und über Arbeit an gesellschaftlichen Prozessen beteiligen wollen, aber auf besondere Unterstützung und Vorbedingungen angewiesen sind, ausgeschlossen werden. Dass ein solcher Ausschluss von Arbeit selbst bei einer finanziellen Absicherung eine Form der Unterdrückung darstellt, hat vor allem die US-amerikanische Philosophin Iris Marion Young herausgearbeitet. Sie beschreibt die damit verbundene Marginalisierung als ungerecht, „weil sie die Möglichkeiten blockiert, die eigenen Fähigkeiten auf gesellschaftlich definierte und anerkannte Weise auszuüben" (Young [1996] 2017, 435.434–436).

Die Zusammenschau mit dem Nachhaltigkeitsprinzip schließlich verlangt im Blick auf ökologische, ökonomische und soziale Entwicklungen weitreichende Veränderungen, die im Kontext des BGE-Diskurses etwa in der Subsistenzwirtschaft oder der vorsorgenden Wirtschaft ausgemacht werden. Doch selbst deren Vertreter*innen halten das bedingungslose Grundeinkommen nicht für unbedingt notwendig (Baier/Biesecker/Gottschlich 2016, 72–78). Über die kurze Nebenbemerkungen hinaus, dass ich es für durchaus herausfordernd halte, zwischen der Erfüllung von (gerechtfertigten) Bedürfnissen und (ungerechtfertigtem) Konsum bei gleichzeitiger Achtung von Freiheit und Selbstbestimmung zu differenzieren, kommt meines Erachtens auch hier die Komplexität weltwirtschaftlicher Arbeitsteilung und Vernetzung zum Tragen. So scheint das bedingungslose Grundeinkommen in einer rein nationalstaatlichen Fokussierung nicht im Kontext globaler Gerechtigkeitsentwürfe angekommen und insofern wenig zeitgemäß.

All die angesprochenen Aspekte – die Beteiligung an Arbeit, in der Arbeit, d. h. bezüglich der Arbeitsbedingungen, die Frage beteiligungsfördernder Sozialtransfers, auch als Voraussetzung von Beteiligung an Arbeit, die Fokussierung der Eigenverantwortung, die Reaktion auf Veränderungen des Arbeitsmarktes – sind gerade hinsichtlich ihrer derzeitigen Umsetzung kritisch zu prüfen, Veränderungen sind im Sinn einer beteiligungsgerechten, sozial gerechten, menschenwürdigen Arbeit voranzubringen. Ob das bedingungslose Grundeinkommen hier das Mittel der Wahl ist und vor allem das Breitband-Probiotikum, als das es gepriesen wird, ist zu bezweifeln.

5 Beteiligung an Care-Arbeit

Einzuwenden bleibt, dass die bisherigen Überlegungen zu stark auf die Erwerbsarbeit fokussiert blieben und der Begriff der Arbeit und vielleicht auch die Konzeption des bedingungslosen Grundeinkommens doch viel weiter greife. Dem stimme ich zu, insbesondere im Blick auf den Bereich der Care-Arbeit, der unbedingt miteinzubeziehen ist. Auch hier geht es um Beteiligung, um die Ermöglichung der Beteiligung aller an Care, und gleichzeitig um die Freiheit, Care-Arbeit nicht zwangsweise qua Geschlecht zugeteilt zu bekommen.

Die Frage der Care-Arbeit ist im BGE-Diskurs zum Teil unterbelichtet, zum Teil traditionalistisch integriert (dazu die Kritik und Weiterentwicklung bei Blaschke/Praetorius/Schrupp 2016). Nicht umsonst weisen feministische Rezeptionen des bedingungslosen Grundeinkommens deutlich darauf hin, dass „Bedingungslosigkeit" hier nicht Care-Aufgaben ausnehmen kann (Winker 2016, 14). Zweitens darf das bedingungslose Grundeinkommen nicht um den Preis von gesellschaftlich, d. h. auch öffentlich getragener Care kommen. Drittens möchte ich gerade vor dem Hintergrund von Beteiligungsgerechtigkeit betonen, dass Care als gesamtgesellschaftliche Aufgabe die Beteiligung *aller*, unabhängig vom Geschlecht verlangt (Tronto 2013). Dies setzt aber auch einen tiefgreifenden Wandel an Wertsetzungen und Einstellungen voraus (Baier/Biesecker/Gottschlich 2016, 76–78). Solch ein Wandel kommt nicht allein durch Möglichkeiten der Umverteilung, er kommt nicht allein durch ein bedingungsloses Grundeinkommen und eine finanzielle Freisetzung. Nur zum Vergleich: Unter dem (im Vergleich zum bedingungslosen Grundeinkommen zum Teil sehr hohen) Satz des Elterngeldes nehmen Väter die sogenannten Partnermonate vorzugsweise genau dann, wenn ihnen sonst ein finanzieller Vorteil verlorengeht. Das bedingungslose Grundeinkommen allein wird kaum dazu motivieren, Care-Aufgaben zu übernehmen. Sinnvoll und grundsätzlich unabdingbar, wenn wir von Geschlechtergerechtigkeit reden, erscheinen mir hier vielmehr eine (ideelle wie monetäre) Aufwertung von Care-Arbeit in öffentlichen und privaten Settings und eine damit verbundene Neudefinition von Arbeit und Leistung.

Von hier aus wäre weiterzudenken, wie der Begriff der „Arbeit" begrifflich und konzeptuell weiter gefasst werden kann, um sich auch der Care oder anderen Bereichen von gesellschaftlich gewinnbringenden Tätigkeiten zu öffnen, oder ob einer damit möglicherweise vorangetriebenen Ökonomisierung von Lebenswelten mit ganz neuen Begriffen begegnet werden muss; wie Arbeit von ihrer negativen Assoziation und den negativen Formen ihrer Implementierung befreit werden kann; wie theologische Impulse zur Arbeit mit Care-Konzeption verbunden werden können; wie Bedingungslosigkeit in Bedingtheit eingepasst werden kann; wie die Beteiligung von Menschen in den verschiedenen Lebensbereichen erreicht werden kann und wie sich durch diese Beteiligung Strukturen ändern und auch, wie man glücklich im Sinn eines umfassend guten, freiheitlich selbstbestimmten und sozial integrierten Lebens sein, wie man *gut* leben kann. Ob es dazu das bedingungslose Grundeinkommen braucht, sei dahingestellt.

Literaturverzeichnis

Anzenbacher, Arno. 1997. *Christliche Sozialethik*. Stuttgart: UTB.
Baier, Andrea, Adelheid Biesecker und Daniela Gottschlich. 2016. „Ein Schritt auf dem Weg zu einer anderen Ökonomie? Kritische Reflexionen des bedingungslosen Grundeinkommens aus der Perspektive des Vorsorgenden Wirtschaftens und des Subsistenzansatzes." In *Das bedingungslose Grundeinkommen. Feministische und postpatriarchale Perspektiven*, hg. v. Roland Blaschke, Ina Praetorius und Antje Schrupp, 63–90. Sulzbach: Ulrike Helmer Verlag.
Baumgartner, Alois und Wilhelm Korff. 1998. „Sozialprinzipien." In *Lexikon der Bioethik*, Bd. III, hg. v. Wilhelm Korff, Lutwin Beck und Paul Mikat, 405–411. Gütersloh: Gütersloher Verlagshaus.
Blaschke, Roland, Ina Praetorius und Antje Schrupp. 2016. *Das bedingungslose Grundeinkommen. Feministische und postpatriarchale Perspektiven*. Sulzbach: Ulrike Helmer Verlag.
Emunds, Bernhard. 2019. „Arbeit, IV. Sozialethik." In *Staatslexikon online*. https://www.staatslexikon-online.de/Lexikon/Arbeit (Zugriff v. 17.02.2022).
Filipović, Alexander. 2007. *Öffentliche Kommunikation in der Wissensgesellschaft. Sozialethische Analysen*. Bielefeld: Bertelsmann (Forum Bildungsethik 2).
Filipović, Alexander. 2008. „Elemente einer kritischen Theorie der Beteiligungsgerechtigkeit – Christlich-sozialethische Sondierungen." In *Bildungswege als Hindernisläufe. Zum Menschenrecht auf Bildung in Deutschland*, hg. v. Marianne Heimbach-Steins, Gerhard Kruip und Katja Neuhoff, 173–190. Bielefeld: Bertelsmann (Forum Bildungsethik 5).

Große Kracht, Hermann-Josef. 2010. „Der Mensch – ein arbeitendes Wesen." In *Ora et labora. Eine Theologie der* Arbeit, hg. v. Albert Biesinger und Joachim Schmidt, 185–200. Ostfildern: Grünewald.

Kruip, Gerhard. 2018. „Realistische Möglichkeit oder schöner Traum?" In *Herder Korrespondenz* 72 (5): 32–35.

Mein Grundeinkommen e.V. 2022. https://www.mein-grundeinkommen.de/erkenntnisse/was-ist-es (Zugriff v. 31.03.2022).

Marx, Karl. ^{4}1969. *Die Deutsche Ideologie*. Bd. III, Karl Marx/Friedrich Engels *Werke* (MEW). Berlin: Dietz.

Möhring-Hesse, Matthias. 2020. Erwerbsarbeit überbewertet, Grundeinkommen überschätzt? *Skeptische Überlegungen zum Bedingungslosen Grundeinkommen* (Vortrag). https://www.youtube.com/watch?v=tADDyyoDIIo (Zugriff v. 31.03.2022).

Müller, Severin. 2019. „Arbeit, II. Philosophische Aspekte." In *Staatslexikon online*. https://www.staatslexikon-online.de/Lexikon/Arbeit (Zugriff v. 17.02.2022).

Noweck, Anna. 2013. *Katholische Schulen – beteiligungsgerecht? Eine sozialethische Untersuchung unter besonderer Berücksichtigung des Capabilities Approach*. Bielefeld: Bertelsmann (Forum Bildungsethik 11).

Nussbaum, Martha Craven. 2010. *Grenzen der Gerechtigkeit. Behinderung, Nationalität, Spezieszugehörigkeit*. Berlin: Suhrkamp.

Preuß, Horst-Dieter. 1977. „Arbeit. Altes Testament." In *TRE*, Bd. 1, hg. v. Gerhard Müller et. al., 613–616. Berlin/New York: De Gruyter.

Roth, Steffen J. 2019. „Grundeinkommen" In: *Staatslexikon online*. https://www.staatslexikon-online.de/Lexikon/Grundeinkommen (Zugriff v. 14.09.2021).

Straubhaar, Thomas. 2018. „Was ist ein Grundeinkommen und wie funktioniert es?" In *Grundeinkommen kontrovers. Plädoyers für und gegen ein neues Sozialmodell*, hg. v. Christoph Butterwegge und Kuno Rinke, 10–31. Weinheim/Basel: Beltz Juventa.

Tronto, Joan C. 2013. *Caring Democracy. Markets, Equality, and Justice*. New York: New York University Press.

Winker, Gabriele. 2016. „Leben ohne existentielle Not. Mit einer feministischen Care-Perspektive für das bedingungslose Grundeinkommen." In *Das bedingungslose Grundeinkommen. Feministische und postpatriarchale Perspektiven*, hg. v. Roland Blaschke, Ina Praetorius und Antje Schrupp, 12–30. Sulzbach: Ulrike Helmer Verlag.

Winkler, Katja. 2007. „Befähigung zur Beteiligung – Befähigung durch Beteiligung. Beteiligungsgerechtigkeit nach Martha Nussbaums *Capabilities Approach*." In *Beteiligung – Inklusion – Integration. Sozialethische Konzepte für die moderne Gesellschaft*, hg. v. Christiane Eckstein, Alexander Filipović und Klaus Oostenryck, 53–67. Münster: Aschendorf.

Young, Iris Marion. 2017. „Fünf Formen der Unterdrückung." In *Philosophie der Gerechtigkeit. Texte von der Antike bis zur Gegenwart*, hg. v. Christoph Horn und Nico Scarano, 428–445. Frankfurt am Main: Suhrkamp.

www.ingramcontent.com/pod-product-compliance
Lightning Source LLC
Chambersburg PA
CBHW051408290426
44108CB00015B/2204